# 丛书编委会

总　策　划：来新国　王文成

编委会主任：郭齐勇　周晓亮

编　　　委：来新国　陈知涯　张　彧　尹格韬　沈　众

　　　　　　王文成　孟淑贤　周长志　罗养毅　秦　丹

　　　　　　乌　琛

大家精要

惠 能

周永生 刘豫徽 著

陕西师范大学出版总社

*Hui Neng*

图书代号 SK16N1034

**图书在版编目（CIP）数据**

惠能/周永生，刘豫徽著. —西安：陕西师范大学
出版总社有限公司，2017.1（2024.1重印）
（大家精要）
ISBN 978-7-5613-8709-2

Ⅰ.①惠…　Ⅱ.①周…②刘…　Ⅲ.①惠能（638—
713）— 传记　Ⅳ.①B949.92

中国版本图书馆CIP数据核字（2016）第271389号

# 惠　能　HUINENG

周永生　刘豫徽　著

| | | |
|---|---|---|
| 责任编辑 | 郑若萍　陈柳冬雪 | |
| 责任校对 | 尹海宏 | |
| 特约编辑 | 宋亚杰 | |
| 封面设计 | 张潇伊 | |
| 出版发行 | 陕西师范大学出版总社 | |
| | （西安市长安南路199号　邮编710062） | |
| 网　址 | http://www.snupg.com | |
| 印　制 | 永清县晔盛亚胶印有限公司 | |
| 开　本 | 650 mm×930 mm　1/16 | |
| 印　张 | 10 | |
| 字　数 | 100千 | |
| 版　次 | 2017年1月第1版 | |
| 印　次 | 2024年1月第2次印刷 | |
| 书　号 | ISBN 978-7-5613-8709-2 | |
| 定　价 | 45.00元 | |

读者购书、书店添货或发现印刷装订问题，请与本公司销售部联系、调换。

电话：（029）85303879　传真：（029）85307864　85303629

# 目　录

# 附录

# 第 1 章

# 身　世

惠能的先祖已经难以确切考证，但是，他的父亲卢行瑫原居于范阳卢家场（今河北省涿州市），是范阳的官吏，传说他是汉朝尚书、中郎将卢植的第十三代孙，后遭人构陷，于唐武德三年（620）被流放到岭南新州索卢县（今广东省新兴县），落籍索卢县龙山脚下的下卢村（又称夏卢村），娶当地李氏女为妻，成为当地普通的农民百姓。行瑫夫妇勤俭持家，恩爱和睦。李氏夫人心地善良，不仅将家务搞得井井有条，而且还经常帮助行瑫种地种菜，小家庭过得虽不富裕，但也算是夫妻恩爱，和和美美。唯一不足的是，行瑫已过不惑之年，膝下却无子息，李氏夫人未曾有孕。李氏夫人看到自己久久不能生育，心中暗自惭愧，担心因为自己断绝卢家的香火。丈夫行瑫虽然也盼望夫人怀孕，但因为敬爱夫人，并无责怪之心，而抱着一种听凭天命、顺其自然的态度。李氏夫人信佛，她在家务农活之余经常念诵佛经，向佛祈祷，求佛让自己怀孕，以不断卢家子息。

# 出生、起名

传说忽一日，李氏夫人梦到百花竞开，双鹤盘旋，毫光万道，醒来尚闻满室异香，久久才回过神来，方知是梦境。但从此，李氏夫人觉得自己已经受胎有孕，就更加虔敬于佛，虔诚念经，只等胎儿降生。转年到了贞观十二年（638）的春天，在释迦牟尼佛出家的日子——阴历二月初八这天早晨，李氏夫人只觉天乐齐鸣，满室溢香，腹中阵阵作痛，怀孕十月的胎儿顺利降生。行瑶中年得子，高兴万分，看着眼前娇弱的婴儿，想碰也不敢碰，想摸也不敢摸，很怕自己粗大的手掌会伤到这个宝贝婴儿柔嫩的皮肤，只是贴近着脸反复端详，唯恐将儿子的哪个地方遗漏。望着兴奋异常的丈夫，只听李氏夫人用微弱的声音对行瑶说道："老爷，这是佛赐给我们的孩子，当报佛恩啊！"行瑶点头称是，随口答曰："报佛恩，报佛恩。"

转眼天色已经大亮，门外传来了响亮的木鱼声，好像有僧人来到家里化缘。李氏夫人对行瑶说："老爷，快出去看看，若是和尚化缘，一定要多给些啊。"行瑶来到门外，看见两个相貌奇特的僧人站在自家的篱笆墙外，行瑶当即走上前去作揖施礼，恭敬地说道："二位师父在上，家里尚未做早饭，无有食物供养，等我回去给两位师父取铜钱来。"一位僧人摆手道："施主不必，今天我二人来此非为乞食化缘，而是给施主道喜呀。"

行瑶心里暗暗吃惊，难道他是指孩子的出生吗？奇怪，这两个僧人怎么能知道呢？行瑶故意反问道："我乃流放之人，何喜之有？"僧人答曰："受人冤屈，有口莫辩。积德行善，广种福田。贤良儿女，不请自来。哈哈哈！哈哈哈！"行瑫心中更加惊异，心想，僧人这话中有话，好像完全针对自己，看透了自己的一切，莫非今天这两位僧人乃是世外高人，得道高僧？行瑫还想再作确认，故意打哑谜地问道："师父言语高深莫测，小民不知其意，还请师父明示！"另一位僧人单刀直入地问道："施主家可是刚添男丁？"行瑫答道："正是，正是。"僧人反问道："千呼万盼，中年抱得贵子，还不是大喜吗？"

行瑫见被二位僧人说破，只好答道："正是，正是。"接着又问："二位师父何以知道？请二位师父正屋里坐！"僧人答道："不必不必，我二人前来是要送汝家贵子一名。"行瑫答道："拙儿尚未有名号，请二位高僧见教！"一僧人说道："汝儿非比寻常，将来必成就弘法利生的大业，就送他大名'惠能'吧。"行瑫问道："小民才疏学浅，不知'惠能'有何深意？"僧人答曰："惠者，以法慧施予众生；能者，能弘扬佛法。"说完此话，二位僧人口言告辞，转身而去，绕过一户人家后，就不见了。

行瑫刚刚转过神来，觉得此二僧非同一般，想追上去继续请教，顺着二人的身影旋即追去。哪曾想，绕过自家前面的那户人家，开阔的田地间，却早已经不见了二位僧人的一点踪迹。正在行瑫疑惑、张望之间，那户人家的门"吱扭"一声打开了，看样子好像刚刚起来。行瑫怀着一丝侥幸的心理向邻居问道："看见两位刚经过这里的僧人去哪了吗？"邻居答道："什么僧人啊，没看到啊！"行瑫只好回到自家，将此事的原委向夫人细说。

李氏夫人虽是普通农家女子，但聪慧过人，亦觉得此事奇异，不明究竟。她对夫君说道："老爷，也许我儿来历不凡，是圣僧天降，来点化我们吧。"行瑫仍满腹疑窦，但还是很自信地说道："那就按他们所言，叫我儿'惠能'吧。"从此以后，男婴的名字即称为"惠能"。

由于惠能后来成为佛教禅宗一代宗师，"惠""慧"之意不仅有相通之处，而且，"慧"字更适合于大乘佛教中大彻大悟的智慧境界，因此，在不知不觉中，"惠能"被更多地叫成了"慧能"。

本书使用"惠能"的名字，但也不反对其他人使用"慧能"的称呼，因为这两个名字的流传都已经经过了长期的历史时代，为人们所共同接受，已经成了对禅宗六祖约定俗成的通用称呼。

## 艰辛的童年

惠能出生以后，行瑫夫妇将全部的爱都给了小儿惠能。为了养育好惠能，夫妇俩既有辛劳，又有快乐，日子虽不富裕，但也其乐融融。有关惠能小时候的可信记载少之又少，但传说却很多。大多数的传说都提到，惠能出生以后，不饮母乳，不食米汤，而是在夜半有神人天降，喂之以甘露，等等。这种说法大多属于惠能成名以后后人的附会，可信的成分并不大。但从另一个侧面可以表现出，惠能小的时候，的确可能没有喝过多少母乳，原因虽不好确定，但有可能是和李氏夫人奶水不好或没有奶水可供惠能吃有关。因此，惠能从小就营养不良，长得比较瘦小枯干。

惠能来到人世间以后，好景不长。就在惠能三岁的那一年，卢行瑫本来就比较弱质的身体突然染病，从此一卧不起，不久即撒手人寰。这一变故给卢氏家庭带来了致命的打击，生活状况一落千丈。孤儿寡母相依为命，维系生活已经十分艰难，全部的家庭重担落在了李氏夫人的身上。李氏夫人外表虽然十分柔弱，但丧夫的沉重打击使她的个性不得不刚强起来。为了支撑儿子和自己的生活，李氏夫人整天拼命劳作，母子俩仍然经常食不果腹。周围的邻居知道孤儿寡母的艰难，经常送来一点柴米油盐，帮助母子俩度日。但由于小小的下卢村没有几户人家，又都不富裕，这些小小的帮助只能解决孤儿寡母的燃眉之急，并不能从根本上改变她们的境遇。不久后，李氏夫人就带着惠能告别了周围的几家好心邻居，迁离了下卢村，来到了龙山脚下，希望生活能够有所改观。

惠能从小就体会到了生活的艰难，他非常知道疼爱母亲。他帮助母亲做家务、干农活，还在很小的时候就学会了上山砍柴。将在龙山砍得的柴草，晒干打捆，背到很远的集镇卖掉，帮助妈妈度过艰难的生活。当然，由于惠能的年龄很小，身体发育因为营养不良而十分瘦弱，实际上也背不了多少柴草，卖不上多少价钱。但毕竟已经成了母亲的小小帮手。随着惠能一天天长大，成为一个少年，砍柴就成了惠能的主业。母亲的身体也每况愈下，惠能逐渐挑起了家庭的重担，以砍柴、卖柴维持母子二人的生活。惠能的身体虽然瘦小，但由于艰苦劳作的锻炼，却还比较有劲。还在十几岁的时候，就成了一个老练的樵夫，以砍柴来换取口粮和家中的用度，总算可以维持母子二人的生活。

有一天，惠能正在山中砍柴，也许是砍柴的声音惊动了潜行的老虎，老虎向惠能所在的方向走来。惠能在劳作间不经意地抬头，忽见一只老虎摇头摆尾、缓慢地向他走来，不由得大吃一惊。惠能放下手中的活计，手里还拿着一把锋利的砍柴斧子，呆呆地看着正在逼近的老虎。这时，老虎也发现眼前的这个樵夫发觉了自己，就在离惠能二十几米远的地方停住了脚步，警惕地观察着惠能。过了一会儿，老虎似乎感到惠能并无敌意，便缓慢地趴卧在草丛中，但一双虎眼仍然目不转睛地望着惠能。惠能也索性放下了手中的斧头，原地坐在身旁的一块石头上，看着眼前的这只老虎。久久，这两个深山中的生灵似乎已经习惯了对方的存在或不存在，都已经不太在乎对方了。这时，遥远的方向传来了"呦——呦——"的鹿鸣声，老虎重新站起，缓慢地转过身去，朝着远离惠能的方向走去……

　　经过这样的事情以后，惠能常常陷入深深的思考中。他常常向自己提出这样的问题：那只老虎为什么不吃自己？是肚子不饿，还是另有其他原因？当时，自己的心中为什么没有一点儿惧怕？是野兽怕人，还是人怕野兽？人能够与野兽和谐相处、共存共生吗？人和其他生命是什么关系？人和其他生命是平等的吗？对于这些问题，惠能常常自问自答，但是，有些关系和问题，他还感到困惑，总觉得难以圆满回答，甚至还是百思不得其解。

　　传说惠能小时候经历过这样一个故事。一次，惠能像往常一样，挑着晒干的劈柴到集市去卖，他来到集市，刚刚放下担子，忽然听见人们惊慌地大喊："马惊了，马惊了！""快闪开，快闪开！"惠能循声望去，只见一匹惊马拉着车子正快速地向集市这边冲来，人们慌不择路地闪避在了道路两旁，集市上一些没有来得及撤走的摊位，被马车撞得四处飞扬。正在这时，惠能看到道路前面一个赶集的妇人傻愣愣地站在道路的中央，望着惊马，恐惧占据了她的全部身心，她已经不知所措，想到旁边闪避，但腿脚像筛糠一样，已经不听使唤，半点也动弹不得。好心的人们在一旁大呼大叫也无济于事。惠能见状，急中生智，他抱起身边别人准备贩卖的圆木，横放在马路之上。惊马转眼即到，四蹄腾起，毫不费力地越过圆木，但车身却被圆木垫翻。沉重的拖力使惊马的速度骤然降了下来，在后面拼命追赶的车老板赶紧抢到前面，制服了惊马，避免了一场撞人的车祸。

也许是太过紧张的原因，缓过神来的那个妇女却突然号啕大哭起来，好心的人们将她搀扶，劝慰她离开了集市。人们慢慢地围拢到了马车旁议论纷纷。最让人们惊奇的是，这个瘦小的樵夫为什么能有那么大的力气，一个人能将沉重的圆木放到街心来阻止惊马。有好奇的两个健壮青年来到圆木前，很费力气才将圆木抬起。好事的人们惊叹之余，让瘦小的惠能一个人再来抱起这根圆木。在人们的注视下，惠能俯下身子，用足力气却抱不起来。他自己也惊奇刚才为什么会有那么大的力量？是哪里来的力量？为什么现在使出全身力气却不能抱起这同一根圆木？

## 苦难与思索

这样的樵夫生活一直延续到惠能二十四岁那一年。由于艰难、困顿的生活状态，惠能没有接受教育的丝毫条件，因此，二十几岁的他如当时大多数的普通百姓一样，是一个大字都不识的文盲。从表面上看来，惠能只知道砍柴，并且每天在家里、山上、背柴的道路上、集市上，这样几个点线上过着循规蹈矩的生活，他完全习以为常，没有追求其他生活、改变自己和家庭现状的欲望，甚至连追求知识的想法也没有。因为不仅惠能一家生活艰辛，惠能接触的大多数人都是社会最下层的普通贫苦百姓，他们可能比惠能的家庭状况稍好一些，但也好不到哪里。他们的那些痛苦和艰难，有时更让惠能感到触目惊心。他甚至觉得，他们比自己更加苦难，自己有能力的时候，一定要帮助他们。

惠能在少年砍柴的时期有几个要好的小伙伴。邻居王大叔是一个热情爽朗的人。还在惠能少年时，王大叔一次外出务工采石，滚落的山石不偏不倚砸在他的腰间，面无人色的他被几个工友抬回了家，从此以后就再也没有站起来，长年瘫痪在床上。起初，王大婶还请来郎中到家中给他看病、吃药。郎中说，这样的创伤已经伤及脊椎和骨髓，无药可治，能救下一条命就不错了。王大婶心有不甘，后来又请了一些郎中，吃了很多药，搞得家中一贫如洗，也没能让王大叔重新站立起来。王大叔家里有个和惠能年龄相仿的女儿，名字叫英姑。英姑聪明伶俐，是惠能要好的小伙伴。但是，由于家庭的破落，没钱支付王大叔的医药费，在媒婆的撺掇下，由王大婶做主，英姑不久就嫁给了一个很远地方的财主做小老婆。听说那个财主都已经四十开外了。他给王家送来了一些聘礼后，就娶走了英姑。这以后，惠能再也没有见到过英姑。后来听说英姑受主家婆婆的气，很不如意，再后米，听说英姑得病死去了。王大叔躺在病床上，已经完全没有了原来的生气，整天唉声叹气，只有二三年的工夫就故去了。

惠能还有一个非常要好的小伙伴华仔。起初，两个人经常结伴到山里砍柴。但是，华仔比惠能的身体更瘦弱。因此，每次都没有惠能背回的柴草多。后来，华仔的母亲不知得了什么病，整天卧床。华仔的父亲经常到药铺抓药，但是，有些药药铺中没有。药铺掌柜就对华仔的父亲说道："再等几天有人采到我就告诉你。"跟着父亲抓药的华仔灵机一动，心想，我经常到山里砍柴，不是也可以采药吗？可是，我不认识草药怎么办呢？回到家里以后，华仔将自己的想法告诉了父亲，华仔的父亲虽然只是一个财主家的长工，但也是一个有心人。由于他经常给妻子抓药已经认识了一些草药，而且，他觉得这对增加家庭的收入来说，也许是一条好的出路。于是，他说通了药铺掌柜，带领华仔到药铺去看刚刚买进还没有炮制的草药，让华仔学会辨认。这样，没几天，华仔将那些草药的形状、颜色和各自不同的特点、药性等都记了个大概，就不再和惠能一起砍柴，而是到山里去采药了。但是，出发的时候两个人仍结伴同行。有的时候，两个人就在山上的同一处，惠能砍柴，华仔采药。但是，采药不比砍柴，往往要跑得很远很远，而且，有些值钱的草药总是长在悬崖峭壁之处。华仔为了采到值钱的草药经常冒着危险，攀悬崖，爬峭壁。

一天，不幸的事情终于发生了。惠能与华仔来到山里以后，两个人就分开行动了，华仔向有悬崖峭壁的方向走去。惠能就留在了一片有小树林的山坡上，砍伐小树下面的枝杈。这样砍下来的劈柴，不仅不影响小树的生长，而且还能促使小树进一步长高。当时，乡村的民风十分淳厚，尽管人们都普遍贫穷，但没有人有意去伤害山中的一草一木。乡村间流行着这样的说法和信仰，山中的一切都属于山神所有，到山里谋生的人，只能拿回可以再生的东西，而不能做断子绝孙的事情，那样，必定要遭到山神的惩罚。因此，砍柴的人们都懂得，可以割草，因为山草可以割而复生；可以砍伐树枝、树杈，这样砍伐的小树、大树都可以继续生长。惠能正在劳作间，忽然听到华仔的一声惨叫在远处回荡，当他循声赶去查看的时候，却完全找不到华仔，只见峭壁耸立，悬崖千仞。惠能用尽全身的力气呼唤着华仔的名字，但却毫无响应。山谷之间，除了偶尔几声鸟鸣以外，长长地回荡着惠能凄惨的呼喊声。

惠能预感到不祥的事情终于发生了。不知过了多长时间，惠能的声音已经完全嘶哑，他知道，靠自己一个人的力量要在这么大的深山峡谷中找到华仔已经是不可能了。于是，他赶紧放下手中的活计，飞快地跑回村中，将事情的原委告诉了华仔的父亲和村里的乡亲们。全村能够行动的大人们几乎倾巢出动，按照惠能指示的道路，一起到山中寻找华仔。惠能带领大人们查看了山崖及其附近的情况，绕道迂回到了深深的山谷中，拉网一样地排查、找寻。忽然听见有人高叫："华仔在这儿！"听到声音的惠能等人赶紧向那个方向聚拢，只见华仔血肉模糊，静静地躺在一块大石头旁，已经没有了一点气息。华仔的父亲这时也赶到现场，他不顾一切地抱起了华仔，喃喃地嘟囔着："我儿、我儿，你为何这样命苦？都是爸爸不好，不该让你去采药！都是爸爸不好啊！……"只见华仔父亲的脸上滚着大滴大滴的泪珠。惠能不忍再继续看下去了，不由得低下头去，眼里泛着止不住的泪花。他仰头向上望去，上面是陡峭的悬崖峭壁，峭壁上零星地生长着一些不知名的植物。也许华仔是为了上面的那几株植物而送命的吧？大人们轮流背着华仔回到村里。这时，天色已经漆黑一片。第二天，在乡亲们的帮助下，华仔被草草地埋葬了。没过几天，由于长年的病痛和丧子的打击，华仔的母亲也去世了。

短短的几天之内，惠能所熟悉的两个人都没有了，尤其是与他朝夕相处的华仔的死，给他造成了强烈的震撼。虽然还是少年的惠能已经没有了少年人那种无忧无虑的单纯，他开始过早地考虑起了大部分成年人也不愿意思考的一些问题。惠能苦苦思索，活生生的小伙伴转眼就没有了，人的生命为什么这样脆弱？一部分人家饥寒交迫，食不果腹；一部分人家柴薪满垛，差奴使婢。人生在世为什么会有这么大的差异？富有就是好事情吗？富有的人就一定会幸福吗？他到城里去卖柴，曾亲眼看到一个富裕的财主死去以后，家里的三个儿子因为财产分配不均，相互争吵，并打了起来，吸引了半街的人出来观看。有人还悄悄地议论，谁有理，谁没理。在惠能看来，三个兄弟都很可悲，都很可怜。人为什么要活着？人为什么有这么多的苦难？我为什么会来到这个世界？

在生活的磨难中，惠能不仅过早地承担起了养家糊口的重任，而且，面对生活中的种种艰辛、种种磨难，惠能不自觉地思考着有关生命、人生和社会的大问题。他十分孝顺老母，心地悲悯。和同龄人相比，他看起来更加老成，更加早熟。

# 第 2 章

# 佛　缘

　　从佛陀诞生之日起，中国就与之结下了不解之缘。根据中国古代史书《周书异记》中记载，周昭王二十四年甲寅岁四月初八日，江河泉池忽然泛涨，井水并皆溢出，宫殿人舍，山川大地，咸悉震动。其夜五色光气，入贯太微，遍于西方，尽作青红色。周昭王问太史苏由曰："是何祥也?"苏由对曰："有大圣人生在西方，故现此瑞。……"这一段文字是中国史书记载的地震记录，被附会为佛陀诞生显现的祥瑞景象，并由周朝的博学太史苏由解读给周昭王。

　　"周穆王时，见西方数有光气，先闻苏由所记，知西方圣人处世，穆王不达其理，恐非周道，即与相国吕侯西入，会诸侯与涂山，以禳光变。当此之时，西方圣人已修成处世。"这一段是中国史书记载了佛陀修成正果、大彻大悟之时在中国当时所显现的瑞象。但是，周穆王不解其祥瑞之义，以为是不祥之兆，便与宰相吕侯进入西部的涂山，与诸侯在涂山会合以后，一齐对天祈祷，以消除可能给周朝带来的灾祸。《周书异记》中记载："周穆王即位五十二年壬申岁二月十五日，平旦暴风忽起，废损人舍，伤折树木，山川大地皆悉震动。午后天阴黑。西方有白虹，作十二道南北通过，连夜不灭。穆王问太史扈多曰：'是何征也？'扈多对曰：'西方有圣人灭度，衰相现也。'"这是佛陀涅槃之时在中国所能看到的一些征兆被记录下来。因此，从佛陀诞生、佛教产生之时开始，就和中国发生了千丝万缕的联系。

相传佛教于前五六世纪间由释迦牟尼创立，西汉哀帝元寿元年传入中国内地，但在东汉明帝以前并未得到王庭的认可。中国历史上有明确记载的佛教传播事迹是东汉永平七年（65）正月十五元宵佳节这天夜里，汉明帝刘庄在南宫梦见一个全身金黄色的神人，身高六丈，周身遍放光芒，飞行至自己的宫殿前落下，接着又向西方飞去。明帝见此，身心愉悦无比。第二天，明帝传问群臣，询问梦中所见含义。太史傅毅答曰：臣听说，西方有神，此神即"佛"。明帝当天即派遣敕郎中蔡愔、中郎将秦景、博士王遵等十八人，远涉西域寻佛、取经。蔡愔、秦景不负明帝嘱托，经过约两年的时间，在月氏国（今阿富汗一带）遇到天竺（今印度）高僧，迎请佛经、舍利、佛像，以白马驮之，于永平十年（68）归国。天竺高僧迦叶摩腾、竺法兰等一同来到东汉首都洛阳，汉明帝亲自出城迎奉，并将二位高僧安置在招待国宾、主掌外交的鸿胪寺。次年在洛阳建白马寺，安置西域高僧，以铭记白马驮经之功。西域高僧在白马寺进行佛经翻译工作。从这时开始，佛教正式走入了中国社会。释迦牟尼佛被世人尊称为"佛祖"、"世尊"、"大雄"、"佛陀"（"觉悟的人"之意，简称为"佛"）、"大觉"等。

从汉朝明帝到隋唐两朝时期，已经历六七百年之久。至此，佛教经典的翻译已经大致完备。中国佛教的各大宗派也已经形成。魏晋南北朝时期，由于列国纷争，族群混战，统治者残暴，人民饱经战乱和痛苦。他们想寻求心灵上的安慰、精神上的解脱。而佛教的理论，恰好成了民众摆脱痛苦、觉悟人生、增进幸福的良药，这为佛教在中国的广泛传播和兴盛奠定了基础。到唐朝初年，佛教在社会上已经相当普及，使惠能这样最普通、最下层的百姓也能有机会接触到佛法。

## 闻经开悟

在惠能二十四岁那一年，一次，他到集市上去卖柴，一个客栈的掌柜看中了他的柴担，认为他的薪柴又干又好，于是将其买下，让惠能将柴担挑进客栈。惠能放好薪柴，正准备离开的时候，忽然被客房里传来的诵经声吸引住了：

"……不取于相，如如不动。何以故？""一切有为法，如梦幻泡影，如露亦如电，应作如是观。""佛说是经已，长老须菩提及诸比丘、比丘尼、优婆塞、优婆夷，一切世间、天、人、阿修罗，闻佛所说，皆大欢喜，信受奉行。

"佛告须菩提：'是经名为《金刚般若波罗蜜》，以是名字，汝当奉持。所以者何？须菩提！佛说般若波罗蜜，则非般若波罗蜜。须菩提！于意云何？如来有所说法不？'

"须菩提白佛言：'世尊！如来无所说。'

"须菩提！于意云何？三千大千世界所有微尘是为多不？

"须菩提言：'甚多，世尊！'

"须菩提！诸微尘，如来说非微尘，是名微尘。如来说：'世界，非世界，是名世界。……'"

惠能听到后，感觉好像是天籁之声传来。诵经之声直灌惠能的心底，心中豁然开悟。惠能循声望去，看见一位客人正在读诵佛经。诵经的声音对惠能来说，如饥渴中的甘露、昏沉中的醍醐，在他的心中激荡起层层的涟漪。

他情不自禁地走过去，上前问讯道："客官，您读的是什么书啊？"

客人继续看着经书，漫不经心地答道："《金刚经》。"

惠能接着又问："这本经书从什么地方得来？客官从何处而来？"

客人见状，放下经书，认真起来。他说："我从蕲州黄梅县东山寺来。那里有弘忍大和尚（古代对寺院的高僧一般都称为"大和尚"，而不用现代的"大师"称谓。当代高僧净空法师认为，在古代，"大师"只是对佛一种尊敬的专称，而不能泛用，连对高僧也不能称为"大师"）主持寺院。弘忍大和尚门下，僧俗弟子一千余人，信众无数。我就是弘忍大和尚的弟子，这本经书就是弘忍大和尚传送给我的。"

惠能又问："这经书有何好处？"

客人答道："弘忍大和尚告诉我们说，常读此经就可见性成佛。"

据说，惠能听到《金刚经》的诵读声，就已经开悟。即"一闻经语，心即开悟"。

客人见惠能虽衣衫破旧，但目光中闪耀着深不可测的智慧和真诚，就又搭讪道："小伙子，我看你善根不浅啊！何不去拜弘忍大和尚求学？"惠能问道："弘忍大和尚何许人也？"客人对答道："弘忍大和尚乃当世高僧，禅宗第五代传人。现在正在蕲州黄梅县双峰山东山寺任大和尚。"惠能闻说，面露难色。客人似乎看出了惠能的心思，就顺口问道："有什么为难的事情吗？"惠能回答说："我虽想去拜师，但家有老母无人奉养，我们两人一直相依为命，怎能不顾她老人家而独自出家呢？她离不开我啊！"

客人闻说，哈哈大笑："好一个孝子啊！孝道是人生的根本，你的想法一点也没有错！那就等你供奉老母、颐养天年以后再去拜师吧。不过，人生无常，世事无常，到时能否再有机缘拜师也未可知啊！"惠能听罢既有喜悦，又感到失落。欢喜的是，客人说的消息好像让自己找到了心灵的寄托，自己对母亲的孝心、孝行也得到了客人的肯定；失落的是想去拜师却没有了机缘……

正在恍惚之间，忽然背后有一个声音传来："我送你十两银子供养老母吧！"惠能回头一看，原来是一个外地行脚的商客，看样子是来本地经商，也来住店。商客已经两鬓微霜，有了一把年纪，但身体却十分硬朗。不知何时已经站在他与客人的身后，看样子自己与客人的对话他都听到了。只见那个商客说罢从行囊中拿出十两银子，递给了惠能。

惠能从来没有见过这么多的银子，也没有想到一个素不相识的人会这样慷慨送银，解囊相助，自然十分惊愕。忙不迭地连连说："这怎么可以，这怎么可以呢！"

商客诚恳地说："收下吧，收下吧！我到此地进货经商，不缺这点钱。但对你来说，供养老母亲却足够了。让老母亲到亲戚家，你不就可以去东山寺拜师了吗？"

惠能听罢更感惊奇："你也知道东山寺？"商客答道："东山寺哪人不晓？那里的大和尚弘忍法师可是了不得的人物啊！我常年在外经商，逢庙必拜。蕲州那一带算是比较熟络的喽。"

惠能说道："我怎么能随便要你的银钱呢？"

商客说道："钱财属于流水之物，有出才有进嘛！更何况，若是你以后能够得道，成仙成佛，我不就积了大功德吗？哪里还缺这十两银子呢？"

读经的客人也在一旁附和说："既然人家诚心诚意给你，就收下吧。出家、供养老母都是大事啊！"

惠能见两个人的话说得都这般诚恳，已经无法再推却，就接过了商客塞过来的银子，告别了商客与读经的客人，离开客栈，心情沉重地向家里走去。这时，他的心里只有母亲。

## 别母离家

惠能回到家里以后，心情依然沉重。他不知道该如何张口，如何向母亲汇报今天卖柴的事情。敏感的李氏夫人似乎也感到今天的异常。她将惠能拉到自己的跟前，仔细上下端详打量后，道："吾儿可有什么心事？"惠能见瞒不过母亲，就嗫嚅地说："妈妈，我想出家。"李氏夫人大吃一惊，张开的嘴巴半天没能合拢。继而眼泪扑簌簌地流淌下来，继而啜泣不已。惠能见状心里十分不忍，知道伤害了母亲，不知如何是好。他一边抚慰母亲，一边将今天卖柴遇见商客的事情细细地告诉了母亲。

在当时广东地界的民俗上，出家绝不是一件坏事。民众都普遍相信一人出家、全家有福的说法。其实，李氏夫人自己也信佛，并且已经持斋念佛多年。因此，在理性上，她能理解惠能的想法；但是，在感情上，她还是感到过于突然，一时之间舍不得惠能出家，尤其是惠能还要到远在千里之外的蕲州黄梅县双峰山（又称破头山）东山寺（在今湖北黄梅县东北三十里）那样遥远的地方。

李氏夫人停止了啜泣，沉思良久。李氏夫人想，自己的夫君行瑶怀才不遇，又遭人构陷，作为读书人一直没有施展自己才干和抱负的机会，因为抑郁早衰、早亡，已经十分不幸。只留下惠能这样一个骨血，可家里穷得连让孩子读书的能力都没有，从小砍柴、做工，以体力维持两个人的生计，虽然刚刚成人，但已经饱尝人世的艰难。难道就永远让孩子这样庸庸碌碌地在自己的跟前老死于户牖之下吗？出家修行，专修佛法固然是好事，可以让孩子更好，但是，那毕竟是舍到寺庙上去，再不能维系这种亲情啊。李氏夫人矛盾的心情使她再次啜泣起来。

她忽然想到惠能降生时，有两个和尚到家、给惠能起名的事情，两个和尚说了，惠能将来要弘法利生。……惠能的母亲想到这里，心想，也许惠能就应该出家吧？不然，怎么会有两个和尚来给起名，还说了那样的话呢？

最后，她下定决心，对惠能说："孩儿，找你舅舅商量去吧，如果他同意，你就去黄梅拜师吧。到时，我和你舅舅家一起过。"民间自古有这样的习俗，娘亲舅大。这样重大的事情李氏夫人不敢单独做主，而要惠能听舅舅的意见。

次日，惠能来到舅舅家，说明来意以后，舅舅坚决反对。任惠能反复劝说也无济于事。无奈，惠能只好离去。隔日，惠能再次来到舅舅家，这次他并没有走进家门，而是跪在了舅舅家门前。他打算长跪下去，直到舅舅同意他出家为止。村里的孩子们和无事的男女老少见到这般场景，像赶集一样都聚到了惠能舅舅家的门前看热闹。传说，这中间，发生了下面一件神异的事情，决定了惠能的舅舅同意他出家。

惠能的舅舅闻听人声喧嚷，出门一看竟是这般光景，更加坚定了他阻止惠能出家的决心。他想，姐夫、姐姐家只有惠能这一脉骨血，而惠能尚未娶亲成家，连个子嗣也没有，这一出家必然断绝了卢家的香火。这可是天大的事情啊，必须阻止。作为兄弟，无论如何得帮助姐姐一把，让惠能娶亲成家，生育儿女，延续卢氏家族的血脉。

于是，他对惠能高声说道："你不要在这里长跪不起，如果你真有决心感天动地，就让那块岩石裂开，我就同意。"围观的人们哈哈大笑，顺着惠能舅舅指示的方向望去，那是惠能舅舅家门前一块千年未动的磐石，村子里的人们对它再熟悉不过了。那块大石头，小孩子们经常上去玩耍，上面已经磨得比较光滑。在人们的印象中，这块石头比这个村子的存在还要久远。

人们的笑声中当然包含了完全不可能、不可想象的意思。但出人意料的是，就在惠能的舅舅话音刚落不久，突然，"砰"的一声巨响，烟雾升腾，那块大石头从中间整齐地裂开了一条细缝。大家都跑过去想看个究竟，惠能仍一动不动地跪在地上。石头的开裂完全出乎惠能舅舅的意料，他也和村里的人一样，跑到石头跟前仔细查看。人们议论纷纷，各自表达着对石头开裂的不同理解，但神奇、惊叹之状人皆相同。惠能的舅舅看过以后，也颇感惊异，内心暗想，莫非外甥感动了天地，莫非外甥是星宿下凡？看来，无论如何再也不能阻止外甥了。

这时的惠能也惊得目瞪口呆，他完全没有想到石头会真的开裂。他跪在地上的时候，听到舅舅说石头开裂就让他出家，心想，那就让石头开裂吧。他心无杂念，闭上双眼，只是刚刚想了那么一会儿，就被突然的爆炸声惊醒了，此情此景，让惠能自己也惊骇不已。是什么力量让石头开裂？是上天的力量，还是真诚的心灵感通天地，还是其他？

舅舅来到惠能面前，拉起他说道："外甥请起，你想去拜师就去吧，看来舅舅不应该阻拦。恐怕天意就该如此啊！"惠能一听，又连忙跪下，给舅舅连磕了三个响头，感谢舅舅的恩准。惠能自己也甚感奇怪，为什么在舅舅的激励下，自己一想让那块岩石裂开，它就居然裂开了呢？这可是两边各放十匹马都不可能拖裂的石头啊。这时的惠能心有所悟，已经明白了八九分。

惠能在人们惊奇、惊叹的目光中离开了舅舅家。他回到家里，安顿母亲，准备离家拜师的事情。第二天早晨，惠能背着简单的行李，走向村口。李氏夫人依依不舍，一直送到村外。乡亲们也都跟在惠能和李氏夫人的身后。惠能将母亲扶坐在一块石头上，神色庄重地跪在地上，对母亲说："孩儿不孝，不能厮守母亲奉养天年，请您老人家多多保重！孩儿今后将努力修习佛法，利益众生，成佛成道，不负母亲的养育之恩。"惠能给母亲顶礼叩头，连磕了九个响头，别母而去。

惠能一边加快脚步，一边不时回头看看还坐在石头上的母亲，直到不能望见。李氏夫人在石头上呆坐良久，一任止不住的泪水顺着面颊流淌……也不知过了多久，李氏夫人擦干了泪水，对身旁的弟弟说道："惠能本来就有佛缘，此番离去，必能成就。扶我回去吧！"这以后，下卢村外的这块大石头，就被称作"别母石"。

上述传说当是后人附会，具体考察，惠能青年时期的佛缘，首先，得益于从小艰苦的生活和劳动的锻炼。家境的贫寒和幼年丧父，使他不仅过早地备尝人生的艰辛，而且，在挑起家庭生活重担的过程中也培养了他不怕艰难、吃苦耐劳的品格。岭南人那种吃苦耐劳、忍辱负重、脚踏实地、敢说敢为的特质，也影响着惠能的成长和个性。惠能那种从艰苦中出来，厌离苦难，又不惧怕苦难的双重个性，使他产生了出离寻求佛法，为了佛法而坚忍不拔的品质。其次，得益于隋唐时期繁盛的佛教文化在中国社会的广泛传播。在惠能生活的新州索卢县（今广东省新兴县），隋唐时期虽然属于穷乡僻壤，贬官流徙之所，但佛教文化却异常活跃。根据方志记载，新州地区当时有佛教寺院达二十多所。惠能出生时，能有和尚上门为他起名，并且，他的父母能够接受和尚的起名，说明在当时的社会风气下，人们对佛教僧侣普遍尊重。惠能青年时期在县城卖柴时，有机会听到客栈的旅者诵读《金刚经》，而这部经又是从湖北黄梅东山寺那里传过来的，也说明佛教文化在当时普遍流行的状态。就佛教文化而言，岭南地区在魏晋南北朝、隋唐时代是中土先进地区之一。早在东汉至三国时期，第一部兼论大小乘经义的汉传佛教著作牟子的《理惑论》（又称《牟子理惑论》或《牟子》）、第一本大小乘结合的译著《法华经》、大小乘兼修的佛教僧人康僧会等就诞生于岭南。而天竺（印度）僧人和佛经从海路入华，必先抵岭南而后北上，如求那跋摩、求那跋陀罗、真谛、菩提达摩等高僧都走的是这样的路线。尤其是被视为中土禅宗初祖的菩提达摩，登陆地点在广州西关。至今仍有"西来初地"的圣迹存在。正是因为在岭南地区有了这样一个佛国文化的氛围和基础，才孕育了惠能早期深厚的佛缘，并成就了他舍离自己的家乡故土，一心求佛、求法的机缘。

# 第3章

# 谒　祖

　　惠能一路上风尘仆仆，昼行夜宿，离家外出寻求佛法。没有银两盘缠，便从事他的老本行，在靠近村镇的地方，沿路砍柴，背到村镇中去卖，略有积蓄，便又继续向前行路。就这样一面砍柴行路，一面访求名山大刹，找寻他理想中的高僧大德。不几日就来到了韶州的曹溪（今广东省曲江县），遇到了村民刘志略。刘志略虽是普通农民，但谈吐不俗，志行高远，两人甚是投缘，遂结义为兄弟。惠能白天帮刘志略做工，空闲之余，经常和刘志略一起听他的姑姑诵经。

## 卢行者

　　原来，刘志略有一个姑姑出家为尼，法号无尽藏，在当地的山涧寺修行。无尽藏经常诵读《涅槃经》，惠能听到经文，就能理解其中的奥义，连无尽藏本人也经常向惠能请教。惠能就耐心地为其讲解。

　　一次，无尽藏指着经书上的文字，请惠能解释含义。惠能说道："我不识字，无法解释文字。如果你有经意不解的地方，我可以给你讲解经意。"无尽藏甚感奇怪，问道："不识字怎么能理解佛经，明了深意呢?"惠能说道："佛法奥妙和文字无关。"

无尽藏深感惊奇，感觉惠能非同凡人。她告诉周围的人，说惠能来历不凡，乃是得道之人，应该对他恭敬、供养。周围的信众和乡亲们闻听惠能是位奇人，都来看望他，屡屡有人试探惠能，都啧啧称赞，认为果然不凡。于是，当地人就自发地捐款捐物，将已经废弃多年的宝林寺重新修整，请惠能入住，供养他修行，并称他为"卢行者"（行者，是人们对没有剃度出家，在寺院或游化修习佛法之人的尊称）。

惠能在宝林寺住了些日子，刻苦修行。但是，他并没有忘记拜师的初衷，于是，惠能又辞别曹溪，继续北上。先到乐昌县西山石窟，投到智远禅师门下，学习坐禅。后又跟慧纪禅师学习《头陀经》。惠能知道空坐无益，就在慧纪禅师的推荐和鼓励下，决心投奔蕲州黄梅县双峰山东山寺的弘忍法师。在惠能到双峰山东山寺以前，他还曾经到过广东云门山云门寺、湖南衡山莲花峰方丈寺等地。

在各地游化的过程中，惠能时常断粮、断水。繁盛茂密的林木，蒿草有时无边无际，不知道何时才能遇到一户人家、一个村落，讨得一口水喝，一碗饭吃。水的问题有时还比较容易解决，山中的小溪、水洼中的水，都可以随时解决口渴的问题。另外，他自己还随身带了一只葫芦，这是他上山砍柴时解决口渴用的。但是，比起喝水来，吃饭的问题就没那么容易解决了。有时，走上一整天，连一户人家、一缕炊烟都无法遇到。那时，惠能只好忍饥挨饿，继续行路；或者采一采草丛中的野菜、树木上的野果来果腹充饥。

崎岖漫长的山路上，时常会闪过凶猛野兽的身影，但是惠能并不害怕。说来也奇怪，一些猛兽并不威胁惠能。在相互遇到的时候，往往像友善的路人一样，相互望一望，看上几眼，就好像互相打一下招呼，然后就互不干扰，各自干各自的事情去了。惠能的这些经历，不仅磨炼了他坚忍的意志，提高了他对佛法的理解和领悟，也使他大开眼界，慈悲众生。惠能认识到，不仅人人具有佛性，而且，众生平等，连动物都具有佛性。即有情众生皆有佛性；花草树木等无情众生皆有法性。法性涵盖的范围更广，法性包括有灵觉的动物生命；也包括无灵觉的植物、山川土石等；有灵觉的生命才具有佛性。无论是佛性，还是法性，本质上都是空性。但二者相互之间并不能够互相替代。

离黄梅越近，惠能求法的心情愈加迫切。在赶往黄梅的路上，惠能手持禅杖，脚踏芒鞋，跋山涉水，风餐露宿，昼夜兼程，行走多日，历尽艰险，终于来到黄梅县地界，赶到了东山寺所在的冯茂山（又作"冯墓山""凭墓山"）。他径直来到东山寺，求见弘忍法师。

黄梅县双峰山东山寺当时已经远近闻名，因为它有禅宗正传的渊源，弘忍法师为禅宗第五代传人，被尊奉为"五祖"。而五祖所在的东山寺道场，自然属于佛教禅宗的嫡传道场，为世人所器重，香火旺盛，信众如云。

## 禅宗祖源

禅宗最早起于佛陀宣教传法的时代。一次在灵山法会上，世尊突然停止宣讲，顺手拿起一枝金菠萝花，似乎要给大家看。当时在座徒众都不知何意，沉默不语，只有十大弟子之一的摩诃迦叶，脸上忽然露出会心的微笑。世尊于是说道："我有清静法眼，涅槃妙心，能够明见实相、无相，其中妙处难以言说。我当不立文字，以心传心，于教外别传一宗，首先传给摩诃迦叶。"此即禅宗所传的"拈花微笑"公案。相传释迦牟尼佛在灵山法会以正法眼藏付与大弟子迦叶，迦叶得佛心印，是为禅宗初祖。佛法为"正"，朗照宇宙谓"眼"，包含万有谓"藏"。又作"清静法眼"，由清静心彻见诸佛正法。

禅宗认为"以心传心""教外别传"，主张"教外别传，不立文字"。其宗旨在于阐扬经典以外，以心传心之法。禅宗认为，佛性难以用语言文字表达。用文字表达之后，使人容易执着于文字的表面含义（名相），而忘记了佛性的本来面目。所以，禅宗不用文字表达，专以坐禅、参话头（禅宗往往拈取一句成语或古话加以参究，如"狗子无佛性"这句话，即名"话头"，对其进行解悟，则属于"参"）及棒喝等方法，令众生悟其本来具有的佛性。世尊又告诉迦叶："我将金缕僧伽黎衣传付给你，由你转授给下一位接续我度人的佛，等到慈氏佛（弥勒佛）出世，不要让它们腐坏。"迦叶听完世尊的嘱托，对世尊顶礼跪拜，回答说："善哉！善哉！我将按照您的旨意，恭顺佛陀的教诲。"

此心法传付给迦叶以后，禅宗心法逐渐兴起，迦叶为禅宗初祖。这为后世佛教禅宗的最早渊源。后经阿难至菩提达摩承传，在印度共经历了二十八位传人。菩提达摩被称为禅宗印度二十八祖或西天二十八祖。达摩从印度远道来到中国，被称为中国禅宗始祖、达摩老祖。后传二祖慧可，三祖僧璨，四祖道信，五祖弘忍。

　　菩提达摩，通称达摩，是中国禅宗的初祖。他生于南印度的婆罗门种姓，原名菩提多罗，是南天竺香玉王的第三子，出家后倾心大乘佛法。禅宗二十七祖般若多罗到该国传法，菩提多罗从他学法，得到般若多罗的赏识，给他改名为达摩，意译为道法，表示达摩已通达道法的意思。梁武帝普通元年（520）阴历九月，达摩自印度航海三年来到广州。梁武帝慕名，派大臣迎接达摩，迎入金陵（今南京）。梁武帝是南北朝时南朝梁国的开国之主，兰陵人，姓萧，名衍，字叔达。梁武帝博学多才，崇信佛教，曾三度放弃皇帝的尊位，舍身出家同泰寺。他即位以后建寺、写经、供僧、造像甚多，庇护数十万以上的僧众，对佛教在南朝时期的兴盛贡献十分巨大。见到达摩以后，梁武帝很自负地询问达摩："我做的这些善事有多少功德？"达摩答说："无功德。"武帝又问："何以无功德？"达摩说："此是有为之事，不是实在的功德。"武帝对此不能理解，二人话不投机。这以后，达摩即离开金陵，悄然北上。传说达摩以一叶芦苇渡过长江，北上进入魏国（北魏），到处以禅法教人。最终落脚于嵩山的少林寺。在那里独自修习禅定，时人称他为壁观婆罗门。达摩曾面壁修行九年，收慧可等为徒。

## 慧可断臂

　　禅宗二祖慧可的来历可谓十分壮烈。慧可系洛阳虎牢人，俗姓颐。早年精通儒道之学，尤其熟悉老庄易学，中国传统文化根基深厚。后来在洛阳龙门香山寺出家，法名叫作僧可，又叫神光。

传说达摩到洛阳时路过神光法师讲经的道场，就问神光讲的是什么经，神光反问："你从何处来?"达摩说道："从印度来。"神光说道："难道印度不讲经吗?"达摩说道："当然要讲经，不过，讲的是无字真经。"神光问："何谓无字真经?"

达摩说道："无字真经，就是一张白纸。你所讲的经，黑的是字，白的是纸，讲它何用?"神光一听，很不高兴，一想，这个黑和尚，一定是魔王的化身，我要试一试他的法力如何。于是用铁制的念珠向达摩祖师脸上打去。达摩没有防备，不幸被打掉了两颗门牙。由于达摩是修成正果的圣人，遭人殴打牙掉落地，必有天谴。当地就会遭遇三年大旱，等于是对殴打圣人的报应。达摩为大众着想，将两颗门牙吞到肚中，避免引发当地的旱灾。因此，留下"打落牙齿和血吞"的典故。

达摩遭打后没有丝毫怨言，退离了道场。神光扬扬得意，以为自己获胜。可是，当晚做梦，说自己阳寿已尽，阎王派无常鬼索命。神光恳求地问："谁能让我了断生死，不受阎王辖制?"无常鬼说道："就是白天那位被你打掉两颗牙齿的黑和尚。"神光听后，非常后悔殴打了圣人，表示要拜达摩为师，阎王表示同意。神光醒来，才知道是梦境。但他从梦中有所领悟，十分后悔自己的行为。于是，日夜兼程追赶达摩。

神光为求无上大法，到少林寺求访达摩，希望达摩授予真传，要拜师达摩，但是达摩闭门面壁不理。神光便跪在门外不走，以表达自己的诚意。恰逢天降大雪，气温奇寒，神光在雪地一动不动，一夜之后，到天明时，积雪已至膝深。达摩祖师问他："长跪此地用意如何?"神光表示："恳求师父收为弟子，愿求无上佛法。"

达摩祖师答说："法不空传，如果传法给你，除非天降红雪。"神光听后，找来一把戒刀，猛地砍断了自己左边的手臂。一时间，鲜血洒遍洁白的雪地，顿成红雪。神光想以此表示自己拜师的诚意，更示求道的决心。神光单手捧着鲜血染红的积雪再次求见达摩，达摩问他要做什么，神光说："愿和尚开甘露门，广度群品！"达摩祖师看到红雪，动容而起，说："过去佛祖重慈悲，轻身体，以身饲虎。今天你舍弃手臂，只为求法，也是一样的道理，佛法可以传给你。"遂收神光为徒，改名为慧可。达摩祖师将所有禅宗法要悉数传于慧可。这就是所谓"立雪断臂""立雪传经""断臂传经"的故事。

## 只履西归

慧可成为达摩弟子以后，侍奉和供养达摩四五年，十分虔敬恭谨，晨夕参承。达摩有一件木棉袈裟，一个化缘、吃饭的钵盂，据说是从印度带来。这两件东西，佛门认为是传法的凭证，非常重视。达摩向慧可传授衣法。又把四卷《楞伽经》授予慧可，嘱托说："我看中国人的根器于此经最为相宜，你能依此而行，即能出离世间。"达摩在少林寺传法慧可之后，即到熊耳山下的定林寺（现名空相寺，又称熊耳山寺，位于河南省陕县西李村乡的熊耳山下，距三门峡市约五十三公里），传法五年。

熊耳山秀美奇俊，物华天宝。众多达官显贵和普通民众对达摩十分崇拜，信众无数。遂引来恶人嫉妒，曾先后六次在达摩的食物中下毒，前五次每次下毒以后，达摩明知食物有毒，仍照常食用，然后以法力解之。传说在第六次下毒以后，达摩自感在中国传法的宏愿已经实现，因此，不再自救而舍生，于梁武帝大同二年（536）十二月端坐圆寂，终年一百五十岁。

众僧徒悲痛至极，依佛礼将达摩祖师葬于定林寺内。修建达摩灵塔和达摩殿，梁武帝萧衍亲自撰写了"南朝菩提达摩禅师颂并序"的碑文，以示对达摩老祖创立禅宗的纪念。

达摩圆寂时，恰逢北魏有一使臣宋云出使西域回国，他并不知道达摩已经圆寂，路过葱岭（以前对帕米尔高原和昆仑山、喀喇昆仑山脉西部诸山脉的总称，古代中国与西域之间的交通常经葱岭山道）时，见到达摩手里提着一只鞋，向西而去。宋云认识达摩，上前便问："和尚到哪里去？"达摩说道："回西天去。"随即，只身远去。宋云回京，向皇帝报告了此事，皇帝觉得奇怪，便命令把达摩的棺椁起出来查看，棺椁里面只有一只鞋，而别无他物。由此，达摩"只履西归"的传说被普遍传颂。

慧可得达摩祖师精髓，继承祖师遗志，力排非议，坚持随缘说法，广度众生。后周武宗灭佛时，与同修法师屡遭危险，但仍护教护法，护藏经典、佛像。后隐遁太湖县司空山（今安徽境内），将衣钵袈裟传给三祖僧璨。慧可在少林寺西南山上养伤时的住所和石台，后成为二祖庵和养臂台，遗迹至今尚存。

## 僧璨问病

禅宗三祖僧璨是禅宗六位著名祖师中最平淡无奇的一位，来历也很平常。如果不是后人验证他遗留的舍利子，很难让后人相信他曾经是一位得道的高僧。

僧璨原来是佛家的在家居士，据《安徽佛门龙象传》记载，僧璨为徐州人，身患严重的风湿或痛风一类的疾病，苦于无法医治，自感罪孽深重，认为不忏悔病不能好，必须彻底忏悔。于是，他慕名到司空山请慧可为他忏悔罪过。

慧可见面说："请你把罪拿来，我来给你忏悔。"僧璨不知如何是好，沉吟了很久，回答道："我寻找自己的罪孽，但却拿不出来啊。"慧可说："既然如此，我已经把你的罪障忏悔净尽了。从今以后，你当皈依三宝，过出家人的生活。"僧璨又问："你让我依三宝而住，关于僧，我今天见到了和尚，已经明白了它的含义，不用问了。但是，我还不明白佛和法的含义。"

慧可道："我们的心即是佛，我们的心即是法，佛与法一体不二，心外无法，心外无佛，僧宝亦复如此。佛、法、僧三宝，皆依一心而立，同体而异名，非内非外。"

僧璨听了慧可的开示，豁然开悟，欣喜道："今天我才明白罪性并不是一个实有，它既不在心内，又不在心外，又不在心的中间，它当体即是心的幻用，其性本空，觅之了不可得。就像吾人的心性本空能生万法一样，佛法原来是不二的，并非在心之外另有一个佛与法。"

慧可二祖听了僧璨的回答，觉得他根器非凡，器重于他，当即在光福寺为僧璨剃度受戒，收为弟子，并赞叹说道："是吾宝也。宜名僧璨。"

僧璨出家后，疾病渐愈。逢后周武帝灭佛，他就隐居在舒州的皖公山，"往来太湖县司空山，居无常处，积十余载，时人无能知者"。在隐居期间，传衣钵给道信。随后，与道友去广东罗浮山游化弘法。后又回到舒州，隐居司空山，萧然静坐，不写任何文字和记述。隋大业二年（606）阴历十月十五日圆寂。后世有人在其墓地寻找遗骸，从中寻得三百余颗舍利，证实其为得道高僧。

## 道信引颈

禅宗四祖道信在世之时声名已经十分响亮，连唐朝开国明君唐太宗也遥知其人。他的来历也有几分不同寻常。

隋开皇十二年（592），有一个年仅十四岁的小和尚，来向僧璨求解脱法门。

僧璨问道："谁绑缚了你?"小和尚回答说："无人绑缚。"

僧璨问道："那为什么还要求得解脱呢?"小和尚当下省悟。

这就是后来的四祖道信。道信俗姓司马，河内（今河南泌阳县）人，七岁入寺院，其后随侍僧璨九年，方得衣法正传，是为禅宗四祖。

三祖僧璨传法偈曰："华种虽因地，从地种华生；若无人下种，华地尽无生。"偈文意思是说：凡夫众生的菩提种子虽然尚在因地之中，还远没有发芽、开花和结果。但是，这佛性的种子却可借助外来的机缘从因地开花结果，使人消除贪嗔痴爱的烦恼、贡高我慢的迷妄习性，彰显佛的清静本性。假如没有这样的外来机缘，凡夫众生尽管都有本来具足的佛性，但是，清静本性却不会从因地自动彰显，因而将一无所获。

隋大业年间（605~617），道信得到官方的正式许可出家，编僧籍于吉州（今江西吉安地区）的某座寺院。当时恰逢隋末天下大乱，道信应江州（九江）道俗信众的邀请，离开吉州到江州庐山大林寺。

唐初武德七年（624），道信又应蕲州道俗信众的邀请，到江北弘法，旋即在黄梅县西的破头山（后改为双峰山，今在湖北省黄梅县境内）造寺庙，驻锡传禅法达三十余年。

唐贞观年间，唐太宗仰慕道信禅师高德，想一睹道信风采，诏令道信赴京。但道信以年迈多疾为由，上表婉言谢绝。前后反复三次。道信承诏不来，唐太宗十分恼火。唐太宗第四次下诏的时候命令使者说："如果不起程，即取首级来！"使者来到山门宣读圣旨，道信居然引颈就刃，神色庄严。使者惊骇，不敢动刀，匆匆返回京城，向唐太宗禀告实情。太宗皇帝听后，愈加钦敬，赐以珍贵丝帛，以后不再惊扰。

# 无父儿

禅宗五祖弘忍的来历和其他祖师比较起来更有些蹊跷，说起来就好像是天方夜谭一样。

传说有一日，山里有一位种树的老人要跟随四祖道信出家。道信说道："你年岁已大，如欲出家，可待来世。"

多年后，道信在赴黄梅的路上遇到一个年仅七岁的孩童，问其姓名，孩童说："姓（性）即有，不是常姓（性）。"再问之，孩童答说："是佛姓（性）。"

道信颇感奇怪，又问："你真的没有姓吗？"孩童说："我无姓，姓（性）空故。"

道信当下悟知此儿便是种树的老人转世。

传说老人当时接受了道信的提示，死前向一个洗衣女"借宿"投胎，洗衣女不明白老人说话的真实含义，就说道："要借宿须问我父母。"老人却说："不必麻烦别人，你答应一声即可。"说完此话，老人就不见了踪影。洗衣女突然感到自己腹中有些异样，好像多了点什么东西。就这样，洗衣女未婚怀孕。父母认为败坏门风，就把女儿逐出了家门。

从此，女子无处可去，每天就在乡镇中靠给别人洗衣、纺线度日，有时，还不得不乞讨糊口。后来，这个女子生下了一个男孩，就是道信遇到的这个孩子。男孩的母亲认为，这个孩子给自己带来了无尽的灾难，很不吉利，自己又无力抚养，生下这个孩子后，就悄悄地把他抛弃在污浊的河湾水中，打算淹死他。可是，过了一天，这个可怜的母亲于心不忍，心中悲伤，来到抛弃孩子的地方哭泣。结果，她被眼前的情景惊呆了。这孩子不仅没有被淹死，而且，居然离开了肮脏的河湾，漂浮在了洁净的水面上。孩子面色红润、鲜亮。女人想，这孩子太可怜了，老天都不要他死，抛弃自己的孩子罪孽太深重了。

她的善良和母爱从心底里涌出，十分怜悯地把这孩子从水中抱起来，下决心把他抚养成人。孩子稍大之后，每天跟随母亲沿街乞讨，由于是私生无父的孩子，乡邻都叫他"无父儿"。

无父儿就是后来的禅宗五祖弘忍。弘忍小时候所遭遇的种种坎坷和屈辱，给他幼小的心灵造成了深刻的创伤，也磨炼了他的性情和智慧。道信得知无父儿的来历后，就与其母商量，允许他出家。这个湖北黄梅县的无父儿七岁跟从道信出家，取法名弘忍（601~674），十三岁时正式披剃为沙弥。

弘忍生性勤勉，白天劳动，晚间习禅。在三十多年中，闻言察理，解事忘情。道信言传身教，传法给弘忍，并不时对弘忍加以考验。道信常以禅宗顿渐宗旨考验其悟道的程度，弘忍触事解悟，尽得道信的禅法。永徽三年（651）道信临终前正式传衣钵给弘忍。弘忍承传衣钵，被尊称为禅宗五祖。

道信传法偈言："华种有生性，因地华生生；大缘与性合，当生生不生。"偈文意思是说：凡夫心中的菩提种子具有开花结果的性能，故因地的菩提种子能生清静本性的道果；当幻生幻灭的因缘具足，与清静本性合二为一时，表面上看来生灭轮回的现象，却展现出不生不灭、超越轮回的实相。有情众生自无始劫来迷执尘境，住心是非，故轮回生死，因而，不得出离。但是，只要将清静圆明的菩提之心开发、找到，从妄念中认证真如本性，当下即得顿悟无生，超越生死轮回的束缚。

道信圆寂后，弘忍继任双峰山寺院大和尚，率众僧徒修行。其后，参学的人日渐增多，他就在双峰山东冯茂山另建一个道场，取名东山寺，广纳群徒，修行佛法，影响日盛。弘忍收徒授学，不论学者贫富贵贱，不计信众文化高低，来者不拒。"法门大启，根机不择"，又善于化导，故门风大盛，名誉日增。由是其禅法，被称为东山法门。唐高宗慕名，于显庆五年（660）遣使召弘忍入京。弘忍固辞不赴，唐高宗就派人赠送衣、药到山中，供养弘忍和寺僧徒众。

中国禅宗从初祖达摩到三祖僧璨，僧人门徒都行头陀行，即一衣一钵，居无定所，随缘而住，不聚徒定居于一处。从道信、弘忍开始，禅宗僧侣都定住一处，过集体生活。他们实行生产自给，把运水搬柴等一切劳动都当作禅的修行。弘忍认为学道应该居于深山幽谷，远离尘嚣，清静不染。

这种思想为后来马祖道一、百丈怀海等禅师所继承并发展，在深山、幽谷、丛林中建立寺院，实行农禅结合的参悟和修行。弘忍的禅学思想，基本上继承了道信的法门。道信强调，一是依《楞伽经》以心法为宗；二是依《文殊师利所说摩诃般若波罗蜜经》(《文殊般若经》)，提倡"一行三昧"说。对此两点，弘忍都坚持不变。他常说："欲知法要，心是十二部经（佛教所有经典的内容可以分为十二大类教育方法。十二部经即佛说经分为十二类，又称十二分教，或十二分经。佛说的一切法，类集为经律论三藏。由于一切经的经文体裁和所载的事相不同，故从三藏分出十二种名称，通称三藏十二部经，总则称一切经，别则称十二部，但并非每一经都具有十二部之名。即长行、重颂、孤起、譬喻、因缘、无问自说、本生、本事、未曾有、方广、论议、授记）之根本。"又说："诸佛只是以心传心，达者印可，更无别法。"道信很重视念佛，主张念佛与成佛合一。道信反复强调："欲入一行三昧，应处空间，舍诸乱意，不取相貌，系心一佛，专念名号，随佛方所端身正向。能于一佛念念相续，即是念中能见过去、未来、现在诸佛。"所谓"一行三昧"即指心专于一行，而修习正定。又作一三昧、真如三昧、一相三昧、一相庄严三摩地。

一行三昧又分为二：（1）理之一行三昧，乃定心观法界平等之一相三昧。入此三昧，则知一切诸佛法身与众生身为平等无二、无差别相，故于行住坐卧等一切处，能纯一直心，不动道场，直升净土。（2）事之一行三昧，即一心念佛之念佛三昧。《文殊般若经》强调，系心一佛，专称名字。

弘忍继承了这一思想，教导门徒诚心念佛，建立了念佛禅的理论。在经典上，弘忍除了重视《楞伽经》《文殊般若经》以外，更加重视《金刚经》（《能断金刚般若波罗蜜经》）。

《金刚经》是一切凡圣悟心之法门，了悟无明妄心，即是妙慧真心，二心同体，故曰悟心。三界以心为主，心名为地，能印心者，究竟解脱。所以，又称为一切凡夫入如来境地的顿悟法门。

在重视经典的同时，弘忍还强调了"息其言语，离其经论"，"天竺相承，本无文字"，初步呈现了"教外别传"的自觉意识。他又强调"即心是佛""心净成佛""屈伸臂顷，便得本心"。这些认识都说明弘忍已经在中国初步建立了"顿悟"的教法。总之，东山法门对于"渐悟""顿悟"兼收并蓄，继承传统，开拓创新，为传统禅学发展到渐悟和顿悟二派奠定了基础。

## 唯求作佛

惠能跋山涉水，二十四岁那一年（662）来到了位于黄梅县城北的东山。东山，又名冯茂山，海拔八百米，气候宜人，宏伟辉煌的庙宇建筑群坐落在群山环抱的山峰之中。东山寺（现今的五祖寺）整个建筑群依托山势由上、中、下三部分组成，层次分明，包括天王殿、大雄宝殿、毗卢殿、真身殿四大主殿；依山势高低建于中轴线上，气势雄伟。殿宇建筑，雕梁画栋，斗拱交错，松竹掩映，和谐自然，加上曲径重门，显得僻静幽深。最盛时有殿宇、庵堂、亭台、楼、阁等一千余间。

惠能来到东山寺山门，向值守的和尚说明来意，就被寺内的一个僧人直接带到法堂，面见五祖弘忍。

原来，在惠能来到东山寺的前一天，弘忍即吩咐身边的一个和尚道："明天有一个南方来的求道之人，到时你将他领到殿内来见我。"这时，和尚已经将惠能领到了弘忍面前。弘忍看到惠能衣服破旧，身体瘦削，又有些乡村的土气，就故意问道："从何处来，欲求何物?"

惠能答说："弟子是岭南新州人，别无所求，唯求作佛!"

弘忍一听，眼前这个相貌平平、毫不出众的青年人说话却镇定自若，从容有礼，心中暗自惊奇。而且，上来就要成佛，心气很高，不同凡响。弘忍沉吟了半晌，忽然嘴角露出一丝笑意，他有意为难惠能说道："你是岭南人，又是獦獠（当时汉地中的一部分人对南方少数民族越族的一种称呼），如何堪作佛?"意思为你是岭南人，又是一个未开化的乡巴佬，怎么能配成佛呢?

惠能答道："人有南北，佛性岂有南北? 獦獠与和尚身份虽有不同，但和尚佛性与獦獠佛性无别; 和尚能作佛，弟子当能作佛。"

这小伙子不仅言语机敏，志向高远，而且，对于佛性的认识契合佛理。弘忍心中不禁暗暗吃惊，这个青年人恐怕根基不凡，堪于造化，必须对其留意观察，好好培养。而弘忍身边的其他僧众与弘忍的心态却完全不同。他们中的一些人看到这样一个刚来的乡巴佬就敢和祖师顶嘴已经怒火中烧，心想: 这还了得! 一个刚来的乡巴佬就这般狂傲，恨不得上前将惠能当场掀翻在地，暴打一通。只是都碍于弘忍祖师大和尚的面子，谁也不敢发作，一个个都将怒火压在了心里。

弘忍心想，虽然他的根性不同凡响，也应先让他与其他僧众一样，从艰苦的劳务开始做起。一则磨炼和提升他的耐性与悟性，二则免予其他僧众同修的猜忌和嫉妒。于是，弘忍对身边一个管事的僧人说："先安排他到后院和别人一起做事情吧。"

按照寺院惯例，新来的人要到后院干粗活。惠能心中已经明白了做事情的含义。但是，他还略有疑惑，心想，自己本来是为学习佛法而来，却让自己做粗活，就故意说道："惠能事事念念不离自性，心种福田，常生智慧，不知道和尚让我干什么事情？"弘忍故意装出不耐烦且不容改变的权威口气对惠能和领班的僧人说道："你就不要多嘴了，派他到舂米房干活去。"

## 碓房舂米

于是，领班的和尚带着惠能来到后院，给惠能安排的工作就是劈柴、烧火。同时，还要脚踏机械石碓舂米（用架子架起一根木杠，杠的一端装一块圆柱形的石头为碓嘴，下方掘地安放石白，利用机械杠杆原理，用脚连续踩踏另一端即碓尾，碓嘴就不断起落，去掉下面石白中的谷粒的皮。简单的碓只是一个石白，用杵捣谷粒），去掉稻谷上面的谷壳。在中国古代，出家并不是一件容易的事情，往往要先在寺院干上几年杂役，经过一些磨炼和考验以后才能正式剃度出家。弘忍对惠能的这种安排，一方面，符合习惯和通行的体制；另一方面，弘忍实在觉得惠能的潜质非同一般。寺院中尽管是一个清静修行的地方，但是，由于僧人徒弟众多，每一个人的修行和心性的确还有很大的差异。有些人甚至将社会上普通人群中那些不好的心态和陋习也带入了寺院。弘忍法师看得出来，对于惠能这样一个来自于民间最底层的徒众来说，尽管显示出超凡脱俗的悟性，但如果对他格外照顾的话，必然要引起寺院内一些人的嫉恨，反而等于将其置于非常不利的地位。因此，让他干些杂役和粗活，慢慢考察培养未必不是一件好事。

劈柴烧火，对惠能来说是驾轻就熟、得心应手的差事。但舂米这差事就不太好干了。因为要想把米舂好，必须踩动巨大的石碓，而这得花费很大的力气。在碓房舂米干活的其他两个人都身材魁梧，膀阔腰圆，踩动石碓毫不费力。他们不用太大的力气，而主要凭借身体的重量就能够使碓嘴扬得老高，捣动稻米。但惠能却身体瘦小枯干，得拿出全身的力气才能踩动石碓，体力消耗十分巨大。没几天，惠能就想到了一个好主意，他找了一块长方形的石头，用绳子绑在自己的腰间，这样身体的重量骤然加大，脚踩踏碓尾，舂起米来也就更有力量。

这块石头现在还保留在黄梅县的五祖寺中。后人在这块石头上刻了"六祖坠腰石"的字样。坠腰石呈四方形，长 0.4 米，宽 0.35 米，厚 0.11 米，重 56 斤。它是中国佛教禅宗重要文物之一，见证了惠能当年在寺院中的辛苦劳作。清代僧人晦山《坠腰石》的诗句也镌刻其上，上面写道："块石绳穿祖迹留，曹溪血汗此中收。应知一片东山月，长照支那四百洲。"

惠能舂米干净利落，没有人能挑出毛病。就这样，惠能除了劈柴、种菜，大部分时间都在碓房舂米，每天累得满头大汗，但却认真工作，毫无怨言。惠能觉得，自己是在供养全寺院的僧众，供养他们成佛，自得其乐。但是，由于繁重的劳动，惠能自己也累出了腰疼病。

一次，弘忍视察全寺院的情况，来到后院的舂米房，见到惠能正在艰苦地踏碓，对他说道："我看你见解不俗，恐遭人嫉妒，就安排你到这里劳作，你明白吗?"惠能回答说："弟子深领师意，所以，弟子平时只待在后院，从不敢到前院的法堂。"还有一次，弘忍检查各处僧人的劳动情况，让僧人们拿出自己种植的蔬菜给他看，其他几个僧人见惠能种的菜长得好，就拔下来充作自己所种，拿到弘忍面前。而当惠能去摘菜时，自己种的菜已经被拔得精光，就只好空手回来安静地站在一旁。弘忍看到其他人拿上来的蔬菜菜叶上却都隐隐有惠能的名字，翻过来一看，原来是虫子爬出了惠能的名字。弘忍立刻明白了其中的原因，慨叹道："真是人欺天不欺啊！"但他并没有挑破真相。因为弘忍知道，一些人表面上也在修佛，而实际上并没有真正按照佛陀的教诲去做。那样，不仅不能够获得提高，不能超脱六道轮回（佛教概括世间一切有情，归为六大种类，有：天、阿修罗、人、畜生、饿鬼、地狱，即六道），甚至会和普通人一样，随波逐流，完全无法改善自己的命运。

对于这种情况，说也无益。另外，弘忍比较重视修行人自己的证悟，只有修行者自己反照己身，及时改掉自己的不足，看到自己内心的本性，才能获得真正的提高和领悟。因此，尽管弘忍在寺院中威望极高，有一言九鼎的影响力，但实际上他极少批评下面的僧人，多数情况下仅仅是点拨一下。他认为，一旦机缘成熟，有些僧人就能够自己改正。这样能给没有遵守佛陀教诲的人更多的改正余地。

# 第 4 章

# 顿　悟

在惠能来到东山寺的时候，五祖弘忍已经六十多岁了，由于年事已高，他正在考虑接班人的问题。长期以来，接班人的问题一直困扰着弘忍法师。在弘忍法师的众弟子中，有不少对佛法有深妙理解和严谨修持的人，如上座神秀、资州智诜、白松山刘主簿、华州惠藏、随州玄约、嵩山老安、潞州法如、扬州高丽僧智德、越州义方，还有玄赜等人。在这些弟子中，他比较欣赏的当属上座和尚神秀，也曾准备将衣钵传给神秀。这个问题长期以来一直是弘忍法师想要解决却悬而未决的问题（佛门中将资历较深、有德行的和尚尊称为"上座"。所谓"座"是佛教区分资历深浅的称呼）。

## 《无相偈》

据《宋高僧传》记载，神秀（606～706）"俗姓李，今东京尉氏（今河南省尉氏县）人也。少览经史，博综多闻，既而奋志出尘，剃染受法。后遇蕲州双峰东山寺五祖弘忍以坐禅为务，乃叹伏曰：'此真吾师也。'决心苦节，以樵汲自役（自己打柴汲水），而求其道。"又据《大通禅师碑》记载，神秀在弘忍门下"服勤六年，不舍昼夜，大师叹曰：'东山之法，尽在秀矣'"。

这些记载说明，神秀在弘忍的众多弟子中属于佼佼者。神秀身高八尺，长眉阔耳，仪表堂堂，器宇轩昂，德才兼备，威服众人。尽管如此，为了追求佛法，师从弘忍，从寺院最底层的杂役开始做起，曾从事砍柴、挑水等杂役六年。他立志勤苦，博学多才，德行高尚，深得弘忍大和尚赏识。神秀作为"上座"和"教授师"在东山寺的僧众中具有很高的威望，地位十分特殊。

"上座""教授师"的头衔本身，就表明了这种地位。"上座"，在一个寺院中，是除了住持以外地位最高的大和尚，属于佛教寺院中一种僧职的名称。在初唐的时候，尚无住持这样的头衔，一般由地位最高的大和尚主持整个寺院的事务。上座也属于大和尚序列，但低于主持整个寺院事务最高地位的大和尚，是仅次于主持寺院事务大和尚的寺院二号人物。一般都由资历较深，可以表仪众僧的高僧担任。"教授师"，是指熟悉佛经、戒律和仪规，能指导和纠正僧人行为，对佛法有较深造诣、有资格讲经说法的僧人。所以，神秀能够当上"上座""教授师"，不仅说明他是一位精通佛法，有修养、有造诣、有道行的僧人，也说明，他深得弘忍的器重和栽培。但是，在接班人问题上，弘忍还比较犹豫、谨慎。他希望禅宗的衣钵袈裟不仅要传给一个德才兼备的人，而且，最好能留给一个真正悟道、掌握了佛法真谛的人。在弘忍看来，神秀是德才兼备的首选继承人，但是，在悟道方面，总感到神秀还差一点质的飞跃。因此，弘忍不愿意匆忙决定接班人的人选，而在考虑采取何种方式能够筛选出合格的法脉传承人的问题。

在没有找到合适接班人的情况下，弘忍决定为全寺院的僧人、徒众提供一个平等竞争的机会，希望以作偈子（佛教的四言短诗）的形式考察一下寺院的僧众当中有没有真正悟道的人，以便决定法脉传承人的人选。于是，有一天，弘忍召集全寺的僧人，告诉大家各自要按照般若（般若〔bō rě〕，在佛教中是智慧的意思，指每一个人先天如来本性上具有的智慧，即先天智慧）智慧的真实本性各作一首偈颂（梵语"偈佗"的别称，又称"偈语""偈颂"，即佛经中的唱颂词。通常以四句为一偈）呈递上来，如果有人了悟佛性，将把自己的衣钵传授给他，承继禅宗祖脉，作为禅宗第六代传人。弘忍说道："生死事大，你们终日只求有漏福田，却不求根本出离生死苦海，有漏不绝。假若迷失了自己的本性，仅凭一点福报能够了脱生死吗？你们回去以后，要各自观照自己的内心，看取本心的般若之性，作一首偈颂，拿来我看，若能悟得大意，我就将衣法传付给他，作为第六代祖师。用思量，分别心去作，是没有用的。如果了悟本心，一言之下即可明白。这样的人，即使在挥刀作战的紧急关头，也能于言下立见自性。大家快快去作！"

于是，全寺僧人各自回到自己的僧舍或禅房，思考作偈的事情。也有人议论纷纷，说道："作什么偈子嘛，六祖当为神秀大和尚莫属！""除了神秀上座以外，别人谁能作出什么好偈子来吗？"整个寺院不仅议论纷纷，而且，僧众们的目光焦点都集中到了上座和尚神秀的身上。神秀也听到了人们私下的议论，既感到自己众望所归，又觉得自己力不胜任，备感压力。心想，如果自己不出头作偈，辜负了众僧人和自己徒众的一片热诚期待。如果自己出头作偈，又感到自己虽然博闻强记，对佛法有很深的领悟，但终究还没有开悟，没有看到真如本性。况且，即使作出偈子能否为五祖接纳也未可知。神秀知道，五祖弘忍乃得道高僧，在传续法脉这个重大问题上不会徇任何私情。犹犹豫豫之间，文思泉涌，偈子已经沉吟而来。他将自己的偈语誊写在一张宣纸上，反复揣度推敲，直到最后自己满意为止。该偈语取名为《无相偈》。神秀偈子的全文是：

"身是菩提树，心如明镜台，时时勤拂拭，莫使惹尘埃。"

但是，神秀还是拿不准这首偈颂是不是代表了自己的般若本性。神秀作完了偈子，数次来到五祖办公的法堂前想要呈递给五祖。但每次行至堂前，都心中恍惚，汗流浃背，心虚得又不敢进堂呈递。前后不觉得已经过了四天，总共十三次来到法堂前准备呈递，最终却都中止下来，而没有走进法堂。神秀的心中的确充满了矛盾。大家都不写偈子，唯独自己写偈子上呈，岂不被人误解为贪恋六祖宝座吗？但是，既然师命已下，大家都不写，都不上呈，将把师命置于何种境地？自己既为上座和尚、教授师，理应带头响应，为他人作出表率。实际上，这也不只是要传法脉的事情，也是师父要借此来看一看大家的修行程度，如果不拿出来，如何让师父点拨自己，使修证获得提高呢？

神秀想到这里，心中一亮，他想，干脆直接写到寺院回廊的墙壁上，看师父如何评论，这样既不会让人误解贪恋祖师之位，也能够知晓五祖的评论和点拨。这时，已经到了三更天，神秀独自一个人来到回廊前，他一手提着灯笼，一手拿着笔墨。神秀放下灯笼，拿起砚台，提笔在墙上写下了四句偈子。然后回到僧舍内，平躺下来，只一会儿的工夫，就呼呼地大睡起来。这些天，因为偈颂的事情，神秀太操劳、太焦虑、太疲惫了。现在，终于了却一桩心事，可以不顾其余，好好地安睡一场了。

第二天早晨天刚亮，有人就发现了墙上的偈子。很快围上了一堆人，围绕着那首偈子，人们议论纷纷。有的人不知何意，问是谁写的，有的人对偈子赞叹不绝。还有的人判断说："谁能有这么高的文采，一定是上座神秀所题。"说来也奇怪，几天以来，弘忍一直等着僧众贤者送来他们所作的偈子，以此来判断众僧人对佛理的参悟，却始终不见一个人前来呈递，心中亦觉得有些奇怪。早晨却见值事僧进来禀告："有人在回廊墙壁上题了一首偈子。"弘忍问道："何人所题？"值事僧回禀道："不知道，但意境甚好，有人估计可能是上座神秀所题。"弘忍说："带我去看看。"于是，在值事僧的带领下，弘忍来到了回廊下，观看偈子。他一边观看，一边点头。观看以后，弘忍对大众说："后世如能依此修行，当不堕三恶道（佛教所说六道中最不好的三道，即畜生、饿鬼、地狱），亦得胜果。汝等要礼敬、诵之。"僧人们都问这是何人所题，弘忍说道："我心中当然知道，大弟子们也能猜到。"僧众们见到五祖如此嘉奖此偈，并让大家礼敬、背诵，都纷纷对偈子叩拜，并抄写下来，拿回去背诵。一时之间，神秀的偈子传诵全寺院。

当天晚上，五祖弘忍将神秀密召到自己的方丈室，向神秀询问道："那个偈颂是你作的吗？"神秀回答说："的确是弟子神秀所作，我不敢奢望祖师之位。希望大和尚慈悲为怀，看看弟子有无智慧，请师父点拨！"

五祖语重心长地说道："你作的这首偈子，还未认识到佛的本性啊。尚在门外徘徊，还差一点就踏进门里了，但还没进到里面啊。……你先回去再思考一二天，重新作一首偈，拿来我看。你的新偈如果作得好，我就将衣钵传付于你。"

在弘忍看来，包括神秀在内，整个寺院的僧众在悟道方面，没有一个能让他完全满意。但是，相比之下，神秀既博通经律论三藏，肯于吃苦修行，在寺院僧众中又颇负众望，因此，弘忍有意对神秀多加栽培，想传衣钵给他。这次半夜将他叫来，面授机宜，也说明了弘忍对神秀的器重和良苦用心。神秀向五祖弘忍行礼后走出来，回到禅房。又过了两日，依然没觉得自己悟到佛性。当然，弘忍师父让他作的偈子自然也没有作成。他心中焦虑，神思不安，倒不是因为他贪恋六祖的地位和达摩祖师从印度传下来的衣钵袈裟，而是觉得自己不能悟道，对不起弘忍师父对自己的提拔和期待。因此，这两天中，他就像在梦中一样，恍恍惚惚，行走坐卧都不得快乐。平时他作为大和尚的那种威仪和自信都不见了。

## 《得法偈》

一天，惠能正在春米之时，一个小沙弥从后院的碓房旁边走过，他边走边背诵道："身是菩提树，心如明镜台，时时勤拂拭，莫使惹尘埃。"

惠能停止了踏碓，出来问道："小师父，这是何人的偈子？"小沙弥说道："连这个你也不知道！有人在前院回廊上题了一首偈子，大和尚让每个人都背下来。"原来，由于惠能的辈分比较低，弘忍召集僧众让大家作偈的时候，并没有人通知惠能。因此，惠能根本不知道作偈的事情，当然也不知道神秀在墙壁上题偈的事情。听到这里，惠能说道："小师父，带我到前院去看看那首偈子吧！”小沙弥有些嘲笑地说道：“你一个做杂役的南蛮子，看不看如何？我还要把这首偈子好好背下来，才没时间领你去呢，要去你自己去。”惠能央求道：“小师父，不是我自己不能去，我来寺院已经八个月了，一直在后院干活，很少到前面走动。我自己过去很难找到啊。”小沙弥见惠能说得真切、诚恳，就说道：“那好吧，我带你去看看。”

这样，惠能随着小沙弥来到了前院神秀题偈的回廊处。小沙弥一边看着惠能，一边向墙壁努了努嘴，说道：“南蛮子，你看吧！这就是。”惠能一看，还有一些人在墙壁前观看、礼拜，还有的人正拿着笔墨在抄写。惠能也学着他人的样子跪在地上，对着偈子磕了三个头，站起来。小沙弥说道：“南蛮子，我可要走了。”惠能连忙说：“小师父莫走，我不识字，请你给我读读！”小沙弥惊讶道：“你连字都不识，还得我来读给你听啊！”

这时，有一位江州别驾（江州，在江西省九江市一带。别驾，正式名称为司马，隋唐时是州郡太守〔刺史〕的属官，是一个州太守或刺史的佐吏。刺史以巡行视察为职，因刺史出巡辖境时，别乘专车随行，辅助刺史出巡，故称别驾。地位仅次于刺史），名叫张日用，由于他是虔诚信佛的居士，对于佛门的事情一直都很关心。最近听说东山寺的弘忍大和尚以作偈的形式物色传人，有人在墙壁上题了偈颂，全寺僧众都对此礼拜之事。他赶紧带着随从，专门赶过来一睹为快。惠能来到时，他正在墙壁前品味神秀的偈颂。一听到惠能不识字，还想知道偈颂的内容，就高声读诵起来：

“身是菩提树，心如明镜台，时时勤拂拭，莫使惹尘埃。”

惠能听完后，询问这是何人所作，有人告诉了他。惠能则说："这首偈颂的确非常好，但是，距离要达到境界还不究竟啊。"众人听了都嘲笑惠能愚笨浅薄。一个杂役也敢多嘴多舌，妄加评论？惠能对众人没有丝毫的不满和责怪之意，他告诉张别驾说："我也有一首偈颂，想请你帮我写上去。"张别驾吃了一惊，转过身来仔细地打量惠能。张别驾是见过大场面和形形色色人物的地方高官，可谓见多识广。但是，今天他的确真的有些吃惊，怀疑自己的耳朵是不是听错了。心想，一个大字不识、衣衫破旧的下级杂役居然还要写什么偈颂？真是要翻天了！于是，他讥嘲地说："你也会作偈颂？真是太稀奇了！"

惠能向张别驾说道："想要获得无上菩提，不可轻视初学的人。地位低下的人往往会有高层次的智慧，那些地位高高在上的人，有时也会埋没了智慧。而轻慢人，更有无量无边的罪业。"

张别驾一听这样犀利、深刻的言辞，心头不觉得一震，没想到一个杂役居然能说出这样到位、让人无言以对的话语，他的心里已经被惠能的那种信念和坚定震慑了。但表面上，一时还扭转不过来刚才那种嘲笑的劲头，仍然不紧不慢，半嘲半笑地对惠能说道："不错哦！那么，你就说出你的偈颂，我帮你写好了。倘若你真的得到衣法，可要先来度我，别忘了啊！"

惠能于是张口说出一首名为《得法偈》的偈颂：

"菩提本无树，明镜亦非台，本来无一物，何处惹尘埃？"

张别驾一听，感觉这个偈颂非同小可，大吃一惊。没想到这个貌不惊人的下层杂役竟悟出这么深刻的佛理。这次，他终于被惠能彻底征服了，已经完全改变了刚才对惠能有些轻慢的态度。张别驾虽然是个级别不低的地方官员，但是，他却十分崇信佛法，在处理衙役公务之余，对于佛经常常手不释卷，潜心学习和奉持，对佛法当然有很高的领悟力。因此，惠能的话语一出，他立刻感到此人的道行非凡，忙不迭地拿起笔墨，将惠能的偈子书写在墙壁上。惠能见张别驾写完了第一首偈语，又不紧不慢地说出了第二首偈语：

"心是菩提树，身为明镜台，明镜本清净，何处染尘埃？"

一时之间，寺院中的僧众争相传告：了不得了！后院一个不识字的杂役说出两首偈颂，让张别驾题在了墙上，人说比先前的那个还好。寺院中的一些僧众对这首偈颂大多也十分惊讶，互相赞叹说："真奇怪，人不可貌相啊！听说他来没有多久，莫非是菩萨化身？"但同时，也存在着另一种声音："什么，什么？一个目不识丁的杂役居然也敢和上座大和尚一比高下，简直反了天啊！""这个分明是要贪图六祖的宝座，抢夺衣钵呀！"一时之间，整个寺院人声嘈杂，议论纷纷，大家都在谈论这个具有爆炸性的新闻。

五祖弘忍听到嘈杂的声音，从禅房里走出来，询问究竟。得知此事后，弘忍马上来到回廊前，看到惠能的偈颂他暗暗吃惊。心想，没想到，寺中竟有这样的得道证悟之人。弘忍看到围过来的僧众大惊小怪，赞扬的也有，挖苦的也有。唯恐惠能受人暗算，他对惠能的赏识，只藏在心中，不曾显露些许。弘忍知道，尽管惠能已经证悟到了很高的境界，但是，如果将法位公开禅让给他，在这种氛围下，必然等于加害于他。有些人必然不能容忍惠能这样一个在寺院中毫无根基、又是远道而来的乡巴佬继承衣钵。想到此，弘忍遂脱下自己的芒鞋，用鞋底擦掉墙壁上的偈颂，故意宣称："此偈也还没有见性。"僧众都信以为然。

## 夜授衣钵

第二天，弘忍大和尚独自来到碓坊，看到惠能腰上系着一块石头在舂米，就说："求道之人，为佛法而不顾惜身命，应当如此！"弘忍看了一眼其他两个舂米房的杂役，又看了看石臼中的稻米，接着问道："米熟了吗？"

惠能回答说："早就熟了，只是还没有筛呢！"师徒二人，这一语双关的问与答带着禅机，旁边的人完全不懂师徒二人对话的真实含义，傻愣愣地看着他们相互之间谈话和问答。

接着，就见弘忍祖师用锡杖在石碓上使劲地敲击了三下，然后悠然离去。别人都傻愣愣地看着祖师出门离去，不懂其中有什么特殊的含义。唯独惠能一点就通，明白五祖弘忍的心意。禅宗主张学习者要依靠自己的心来觉悟佛性。人们思想和情感的交流不必用语言进行，因为佛性的真理只可意会，不可言传。说话者往往采取借此言彼的方式，用象征、比喻、隐喻的手法表达内心的意思。而听者，是通过以心会心的方式，来了悟对方意念的真实含义。

弘忍与惠能对话的含义是："你悟到本性了吗？"惠能回答的含义是："早就悟到了，只是未得到祖师的指点，尚不透彻和完整。"弘忍用禅杖敲击三下石碓，其意思就是说："今夜三更时分来我禅房，我为你面授机宜。"

就在当天深夜三更时分，惠能按照五祖的示意，来到弘忍的禅房。惠能在房门上轻轻地敲击了三下，只听禅门"吱扭"一声像自动打开了一样，里面闪出了弘忍的身影。弘忍二话没说，将惠能拉进了房门。又是"吱扭"一声，弘忍麻利地关上了房门，上好了门闩，将惠能拉到了里间。弘忍用袈裟遮住了里间窗户，不让外面的人看见光亮和室内的情况。这时，五祖弘忍才让惠能落座，自己也双腿盘坐，为惠能讲说《金刚经》。

弘忍对《金刚经》倒背如流，经中要义信手拈来。当讲到"应无所住，而生其心"时，惠能豁然大悟，知道不能执着于任何事物，才能显露生命的真实佛性，一切万法不离自性。

惠能禀告弘忍说："我真料想不到，自性本来清净，自性本来不生不灭，自性本来具足，自性本来不动摇，自性竟能生出万法。"弘忍知道惠能已经开悟，见到自性，就说："若不认识本心，学法无益处。若能认识自己的本心，见到自己的本性，就是大丈夫、天人师、佛。"

五祖弘忍把《金刚经》讲解完毕，让惠能跪在自己面前，先向佛磕头，再向禅宗历代祖师磕头。最后，惠能给五祖弘忍大和尚磕头。磕头礼毕，五祖弘忍正式将达摩祖师从印度带来的衣钵——袈裟和钵盂作为法器和宗师传承的象征，传给了惠能，并正式任命他继承禅宗法脉，成为第六代传人。衣钵，又被称为"衣法"，禅宗曾将其作为佛法禅宗一脉传承的象征。

五祖弘忍意味深长地说道："衣钵为争端之物，到你为止，以后就不要再往下传了。"惠能跪着回答说："谨遵师命！"

因此，到惠能为止，达摩祖师的衣钵没有再继续向下传。因为弘忍看到了，如果再让惠能传下去，本来这样一个具有佛法传承象征意义的法器，就会成为一些心术不正的人争名夺利的目标和工具，甚至，可能导致人与人相互之间的毒害与杀戮。如果这样，也就失去了其本来纯洁、象征的意义。惠能完全理解五祖的深意。弘忍接着又说道："你必须马上回南方，不可立即回去说法，要隐忍遁世十三年以后，才可以出来度人、弘法。"就这样，五祖弘忍面授机宜，极秘密地把禅宗祖位传给了惠能。

## 告别东山寺

嘱托完毕以后，弘忍亲自护送惠能下山。连夜赶了几十里的路程，送惠能到长江边，并要亲自划桨渡江。这时，天色早已经大亮。惠能连忙说道："请师父坐下，让弟子来摇橹过江。"因为"摇橹过江"暗含着"渡"的意思，这又和佛家度人的"度"联系在了一起，五祖就借着这一禅机说道："本应该由我来渡（度）你，不可以让你来渡（度）我。"惠能说道："弟子在蒙昧无知时，需要师父度我，我现在已经领悟了佛性的真理，还是由弟子来摇橹渡江吧！"师徒的对话暗含禅机。

弘忍以"摇橹渡江"来暗喻他以佛法使惠能觉悟，开启了惠能的佛性，使其超越生死，进入了佛门证悟成就正果的境界。所以，他要亲自摇橹，表示师父要尽度弟子的责任，由师父来开启弟子的觉悟。如果是惠能摇橹，那就变成了弟子"度"师父，不能契合禅理。惠能的回答也暗含禅机。惠能话语的含义表示：自己处于蒙昧无知时，必须由师父来引导领悟佛理，开启觉悟之门。而现在，师父已经使自己得度，在师父的引领下，自己已经证悟了佛性真谛，那么，摇橹渡江这样的重体力活还是由弟子我来承担吧，让师父享受一下作为弟子的体力供养。因此，惠能摇橹渡江，让师父坐船，表明弟子对师父的尊敬和感激之情。这一问一答，话语含蓄，情意绵长，主旋律在禅机度人和弟子报恩之间回荡。据说，弘忍一直将惠能送至长江对岸的江州府，然后才独自一个人悄然返回东山寺。

惠能走后，五祖弘忍好几天不上堂说法。众人疑惑，纷纷前来询问，看是不是五祖生病了。弘忍估计惠能此时已经走远，脱离了危险地区，就说道："病没有，衣法却已经到南方去矣。"众人问衣法传给了何人？五祖说："能者（惠能）得之。他将在南方弘扬佛法。"

一时间，众人皆感惊讶，议论纷纷，但也没有明确表示反对的人站出来。一则，生米已经煮成熟饭，反对也无益；二则，碍于五祖弘忍的威望和地位，也无人敢表示大的异议。

但是，大家离开禅堂以后，众人背着弘忍三五成群地又聚集在一起。在这种场合下，就出现了很多负面的议论。"不就是那个从南方来的杂役吗？一个獦獠，他也配得到祖师的衣钵？""不就是写了两首偈子吗？有什么了不起？""那个南蛮子怎么能和才学满车的神秀上座相比呢！"

众人发现惠能私下获得祖传的衣钵，又悄然离去，嫉妒心上涌，大多都感到愤愤不平。也有的说道："你们别胡乱议论了，祖师看人岂能走眼？""人不可貌相，惠能一定是个了不起的人啊，否则，祖师怎么能将衣钵传给他呢？"但是，这种正面的声音很快就被反对的声浪淹没。于是，几个挑拨是非的人就背着五祖弘忍，私下串联，组织起了上百个和尚四方追拿惠能，企图夺回衣钵。这其中的一些人也未必就都嫉恨惠能，而是受人挑拨，以为惠能骗得了弘忍祖师的信任，又骗得了衣钵，就将东山寺弃之不顾，而逃走了。因此，少数坏人的挑拨却很有煽动性，追捕惠能的人大多都以为自己在捍卫禅宗的正传和正统，在捍卫东山寺作为禅宗核心道场的清净与尊严。

## 首度追敌

两个月之后的一天，东山寺有一个出家前为四品将军，法号惠明的僧人，率领着一帮人追赶惠能。在大庾岭山中，他撇开了其他人，先行追上了惠能。说心里话，惠明真的不是那种嫉妒心强烈、心术不正的坏人。他性情憨直，又有些鲁莽，只是受人挑唆，以为惠能欺骗五祖，盗取衣钵而逃。因此，追上惠能以后，他恨不得拿出自己出家前在军旅中习得的全部武功，一拳置惠能于死地。但毕竟还因为在寺院中修习了多年的佛法，有所顾虑，而没有大开杀戒。

他怒气冲冲地拦住了惠能的去路，大声地吼叫道："惠能小儿，放下衣钵可以活命，否则，休想走脱！"惠能已经是悟道的高僧，完全知道应该怎样对付这个追赶者。他做出不得已的样子，只好从怀中掏出了珍藏的衣钵，顺势放在跟前的一块石头上，嘴上却很平静地说道："此衣钵属于表法之物，祖祖相传，岂可用暴力争夺？"惠明见地上的袈裟金光闪闪，显然是真物，就一个箭步冲上去，急忙俯身去捡，一手抓住了法衣，一手握住了钵盂。可是，不知为什么，看似轻飘飘的一袭袈裟和钵盂，却怎么也拿不起来。无论惠明怎样用力，就是拿不起来衣钵这两个小小的物件。惠明心中大惊不已，骤然了悟，意识到得到五祖传法的惠能绝不是一般的俗人，而是一位得道的高僧。惠明对衣钵不能够挪动半寸，心中骇然。

这时，惠明已经完全证实了自己的猜测，明白这袈裟、钵盂并非什么人都能受用得起，当即对着惠能"扑通"一声跪倒在地上，诚恳地说道："六祖惠能在上，在下愚昧无知，受小人挑唆，有眼不识真菩萨，冲撞于您，请饶恕莽夫的罪过！"而后又言道："我并非为这衣钵而来，我是为佛法而来。请师父为我演说禅宗大法。"惠明给惠能磕头行礼，希望惠能开示。

惠能感叹地说道："你能够说出这样的话，可见还颇具善根。你既然千里寻我，也是我们宿世的缘分，现在你屏除一切杂思诸缘，勿生一念，静心敛意，我才好为你说法。"

惠能当即在荒山野岭上给惠明一人传授禅法，演说善恶顿悟正法。惠能说道："我告诉你明心见性的方法：你们不要去苦苦思索什么是善，什么是恶，而将心中的一切疑虑统统放下。然后，才能看清楚自己的自性是什么。"惠明就问道："何谓自性？"

惠能答道："你们用无常去观察人的生老病死、生住异灭、悲欢离合、成住坏空等现象之后，就清楚什么是自性了。"惠能以"世事无常""万物皆空""无所执着"的佛教义理，教给他直观本性、直接认识自我如来本性的悟道方法。惠能见惠明已经把心态调好，陡然发问："不思善，不思恶，就在当下，什么才是你明上座的本来面目？快说！快说！"

惠明被这么一逼问，惊出一身冷汗，言下大悟。惠明感慨地说道："这禅悟的体验，真是如人饮水，冷暖自知啊。谢谢师父的慈悲指引！"惠明了悟佛理之后，要拜惠能六祖为师。惠能说道："你我都以五祖为师啊！"表明惠能十分重视师道。惠明又问道："我今后向什么地方去？"惠能叫他北上弘扬禅法。惠能表示："逢袁则止，遇蒙则居。"

于是，惠明再拜辞行，折返而去。遇到后来追赶的人，便对他们说，前路崎岖，行人绝迹，到别处寻找吧。这样，惠能方得以继续南归。从此以后，惠明改名为道明，以避惠能之讳。道明往庐山香炉峰布水台结庵而居。三年后，道明来到袁州新喻县（今江西新余）蒙山，创建西华禅寺，大倡玄机，广弘佛法，一人宣道，万人受益。也证明了当初惠能对他去向的指点和预言。自从道明定居蒙山以后，新喻地方的佛教日益昌盛，蒙山地区建了许多佛寺，为江西佛教圣山。

# 第 5 章

## 颠沛流离

惠能经过千难万苦，过大庾岭，行至韶州，来到曹溪宝林寺（今韶关南华寺、南华禅寺）暂住，却又有一群恶人追寻过来。他们探听好了惠能在宝林寺的住处，准备在夜间对惠能下手。惠能预感到了事态的严重性，半夜躲到了宝林寺后面山中两块大石头的缝隙中。恶人半夜入寺院搜查惠能不见，看到寺院后面的小角门半开着，知道惠能跑到了后山。于是，他们包围了后山进行搜查，但仍然无法找到惠能。因此，恶人的首领下令对后山放火，企图烧死惠能。在熊熊的大火中，惠能因藏于寺后大石缝隙中坐禅，才幸免于难。惠能审时度势，明白自己已经无法在曹溪安身立命。为了避免连累其他无辜的僧人，惠能决定离开曹溪。这时，距惠能出走东山寺已经九个多月了。

## 混行迹于猎户

惠能急忙赶往广东，隐藏在四会、怀集一带的深山之中，与一帮猎户为伍。当时五祖弘忍送别惠能时，曾经嘱咐说："遇会则止，逢怀则藏。"这句话的含义就是遇到一个叫四会的地方就不要再往南走了，来到地名称为怀集的地方就可以长期隐藏起来，不要急于传法，待机缘成熟后再传道弘法。岭南地区的佛门四众大多听说五祖衣钵已经南来，但都不知道六祖为何人，更不知其身在何处。惠能隐藏于山区猎人的队伍中，这实在出乎追捕惠能的恶人之预料。因为他们认为惠能属于佛教的行者，不可能隐藏在以杀生为业的猎人当中。因此，没有到猎人中探访。这样，惠能在猎人的队伍中浪迹长达十五年之久。十五年以后，追杀惠能的恶人终于放弃了努力，惠能才得以真实身份重现社会，并开始大规模弘扬佛法、济世度人的伟大事业。从惠能成功躲避恶人追捕的过程和结果看，岭南地区（广东省）的四会和怀集成了惠能隐藏形迹的重要地方，也验证了弘忍五祖的预言。

离开曹溪后，惠能想起师父的嘱咐，穿密林，越溪谷，跋山涉水，继续南奔。让人难以清楚了解的就是，惠能在避难的十五年中隐藏的具体地点问题。这在一些具有史料价值的书籍中有所记载。在惠能圆寂后约七十年，唐朝时期出版的《曹溪大师别传》言说惠能南归，路至曹溪，犹被人寻逐，"便于广州四会、怀集两县界避难"。明确指出了四会、怀集两县交界处是惠能避难的地点。在南唐静、药二禅师撰写的《惠能和尚传》中云："能南返后隐四会、怀集之间。"宋朝《高僧传》所记："能计回生地隐于四会、怀集之间。"清朝谢启昆编撰的《广西通志》记载："惠能遵师嘱尝潜至上爱岭最高峰石室栖迟。"总之，惠能经常栖身的地方是一个被称作龟嘴岩的地方，由于岩石形似龟嘴而得名。由于惠能居于此地，以后，被改称为六祖岩。

　　龟嘴岩（六祖岩）位于怀集县城西北面，在该县冷坑镇三公里海拔五百米的上爱岭山顶上。这里山清水秀，鸟语花香，空气清新。该岩整体组合由三块巨型的花岗岩天然相互叠合构成。山顶最上面的一块巨石，形似巨佛的头部，自西向东伸突三米多。该石有口有耳，秃头无发。整座山岭形态似巨佛合手静坐念经，形态很逼真。岩洞高约六米，宽约十米，室内面积仅有二十多平方米。洞内有石柱、石凳——六祖佛座，还有石桌和石香炉等。岩顶滴水不断，滴注于香炉之中。水质清澈，香炉之水永不满溢。岩洞内可容纳二三十人。岩洞内，夏无酷暑，冬无严寒，一年四季凉风习习。夏天岩洞口有凉风，清凉，爽身，提神。下大雨时，雨水不能飘入岩洞内。冬天在岩洞内没有寒冷的感觉。据旧《怀集县志》有载："岩洞前有桃树，不知年代，但岁岁花实，惟核内无仁，不能移种。"这些果树也许是惠能种植。据说当地人吃过此桃果。现在岩洞前还生长有杨桃树、金刚果等，果味可口清香。山上林茂岩幽，立岩前俯视平野，远近景物尽收眼底。在山下仰看整个山岭，整座山形似慈祥的菩萨老人，正在合手念经。每当太阳西下的时候，太阳正好在岩洞后背徐徐降落，夕阳的余晖光芒四射，让人感觉到佛光普照、和谐人间的美好景象。据旧《怀集县志》和韶关南华寺有关记载则更加明确，惠能六祖于唐代龙朔年间（662年前后）到怀集避难，曾在此岩栖住而后得名六祖岩。该岩石十分灵异，每到大旱之年，村民都到此处祈请降雨，有求必应。也许正是由于这个岩洞的神奇，才引来了六祖惠能栖身居住。也就是在这个岩洞中，惠能历尽千辛万苦，继续修禅悟道，自我提升。

为了避开追捕，惠能赶往四会，在四会和怀集之间一个姓叶的猎户家里长期住了下来，经历了多年的避难藏身生活。而龟嘴岩也是惠能经常的栖身之所。自惠能栖身居住后，惠能和当地山民和睦相处，得到山民的赞扬。惠能下山走后，山民才得知岩洞内居住的人物原来是禅宗大和尚六祖惠能。为了纪念这位宗师，有人在岩洞石壁上刻写了三个大字"六祖岩"。从此"六祖岩"的名字一直相传至今。

　　惠能在四会、怀集一带地方，隐秘形迹，潜心修炼长达十五年之久，留下了大量的传说和故事。传说有一天，外面正下着大雨，猎户们都不出外打猎。中午时分已过，大家都没有食物可吃，惠能就去岩洞前摘几个野果填腹充饥。当惠能摘野果回到岩洞时，发现岩洞内一条石缝中自动流出稻谷。惠能赶快拿钵盂去装，刚装满一钵盂，谷粒就不出了。惠能端着钵盂十分高兴，他走出洞口，来到洞口左侧一个有平面的大石头前，用石头研磨稻谷，但是，脱壳效果并不好。于是，惠能就用手指向石面钻去，将石头钻得直冒火星，不一会儿，就钻出了一个舂米坎。随后，惠能很快将米舂好，又煮出饭来分给其他猎人一起分享。大家吃了一顿惠能自己舂、自己做的米饭。岩洞天天出稻谷，只能供惠能和几个猎户每天吃用。有一天，惠能随猎户出外打猎，有一个乞米婆来到岩洞，发现岩洞有稻谷流出，拿着布袋就来装稻谷，她觉得出稻谷太慢，用木棍捅了几下，结果岩洞石缝就不再出稻谷了，而是流淌出一滴滴的水滴。也就在这天晚上，惠能下山、出走，离开了这个地方。时至今日，六祖岩岩洞石缝中还不间断地滴水。岩洞口左侧那块大石头面上的舂米坎，至今还完好无损地保存着。

　　四会、怀集地区，有得天独厚的地理环境。这里山清水秀，同时，也被重峦大山所封闭，交通十分不便。山高、林密、人稀，容易隐藏与逃逸，这使它成为少有外来者染污的一方净土。惠能栖身的龟嘴岩位于高山之巅，岩里有长年不绝的山泉滴水。一望无涯的连绵大山中有数不尽的林木、山果，这使惠能得以渴饮山泉滴水，饿以野果充饥。

这里也有独特的人文环境，属于两广交界之地，瑶族、汉人相互杂居，友好善良，民风淳朴，人与人之间和睦相处。惠能为人正直善良，生活俭朴，乐于助人，与周围的樵夫、猎人、药农相处得十分融洽。村民与山民们有病就上山来找惠能，而惠能则有求必应，不分白天黑夜，刮风下雨，经常采药给人治病。

有一天，惠能从龟嘴岩处下山来，与一位猎人卢九一起往山下的村庄走去，准备为一村民看病。忽然，望见村口处来了十多个手持刀剑的陌生人，惠能离他们虽然很远，但随山风传来的声音中，依稀听得出是北方口音在向乡亲问话。这些陌生人全是剃发的和尚，每人手中都拿着明晃晃的兵器。惠能马上明白了这伙人的来意，立即从身边的猎人卢九身上取过一条布围巾，蒙在头顶上，操起狩猎的器械，然后才用手扯了扯身边的猎人卢九道："来者不善，我们还是躲避为上，快走！"卢九会意，与惠能朝着另一边山坳快步走去，似猎人在追击猎物一样。

原来，这些剃发的和尚正是东山寺的一些恶僧。他们对五祖弘忍将袈裟衣钵传给杂役惠能很不服气，又受坏人挑唆，所以结伙南下，决心要除掉惠能，夺回衣钵。当他们发现不远处的惠能与卢九掉转方向，朝着另一边山坳走去时，便产生怀疑，呐喊着，从后面追赶过来。没有多久，就追上了惠能与卢九。十多个僧人举起了寒光闪闪的戒刀，将两人团团围住。领头的和尚瞪起铜铃般的眼睛，呵斥道："你们见到我们为什么要逃跑？"卢九尽管听不懂北方话，但从他们的神态中已经估计出质问内容，便说道："我们不是逃跑，而是发现山坳这边的荒草中有狐狸出没，我们正在追赶。"由于卢九用的是当地土话，北方来的和尚们听后也半懂不懂。惠能也用当地土话附和。追杀惠能的和尚听不懂话语，但见两个人都镇定自若，脸上一副茫然不知的神态，也有些明白回话的语意，逐渐打消了原来的怀疑。更重要的是，他们没有一个人能认出惠能。一是惠能改变了原来的打扮；再则，惠能在东山寺专干种菜、舂米等粗重的杂役，从不抛头露面，寺里没有几个人见过他。加上惠能因为长期与山民们一起上山下水，一起耕田种地，无论是生活习惯，还是皮肤颜色，和当地人已经完全相同。所以，北方僧人做梦也想不到，面前这个瘦黑的当地人竟然就是他们跋山涉水、历尽艰辛要追杀的目标。卢九也做着手势，向他们示意：我俩是本地人，是叔侄关系，现在是要上山去打猎。僧人们见他们和惠能无关，就问他们是否能提供惠能的线索，卢九和惠能都表示从来未见过他们要追杀的什么"带着衣钵南逃的惠能"。他们见找不出半点有用的线索，只好无精打采地离开了。

## 入俗而不俗

惠能在猎户中藏身之后，绝对吃素的条件就没有了。逢到猎人们把打来的野兽升火煮食的时候，惠能就到荒山野谷找些可以吃的树叶、野菜回来，放在锅里煮，然后再拿出来吃。人家笑他有肉不吃，他就说道："我只吃肉边菜！"他以这种形式善巧方便，不给猎户添麻烦，随缘行事。因此，惠能大和尚才是真正懂得吃素意义，真正懂得修行的人。佛教认为，所谓真正的慈悲，不一定是在形式上吃什么，不能吃什么。素食的意义是不断大慈悲的种子，以众生为自己的父母，慈悲众生。因此，学佛不只是吃素，还需要有更高的标准和领悟。但条件具备，吃素最好，以便杜绝杀业和冤冤相报、恶性循环的因果轮回。

在绵延的群山中，一些山民以狩猎为生，他们经常在动物活动的地域布网装夹。在山上，惠能如果见到有猎物落网或被夹子夹住，他就会前去解网松夹，放猎物逃生。猎人有时让惠能帮忙看守捕网，惠能每次看到动物陷入网中都十分悲悯，就悄悄将其放掉。在与猎户们为伍的十五年的日子里，经过惠能之手而放生的捕获动物不计其数。惠能平日常常劝导山民和村民们多种五谷、蔬菜，少杀或不杀猎物，摒除暴戾野蛮的陋习，多做善事，以积善德、阴德。惠能的佛法教化随缘而行，因人而异，善巧方便。因此，周围的山民对惠能都十分敬重，一些猎户改掉了暴戾的性格和不良的习俗。一些猎户也减少了对动物的杀戮，有的甚至弃猎而务农。

惠能以龟嘴岩石洞为住地，辗转于四会、怀集的大山之间，跟山民们一道种地、采药，观赏山林景色，聆听深谷流泉，领略大自然的野趣，修悟自己的心性。

一天，在离龟嘴岩不远处，惠能遇见一位和尚昏倒在山路边，气息奄奄，连忙奔跑过去想看个究竟。上前一看，知道他是病饿交加，就替这和尚把脉查看身体情况。惠能采摘了一些山中的草药，在石头上捣烂，然后塞到和尚的嘴巴里，又替他灌了几口水，按揉他的人中穴位和其他经脉。没有多久，那和尚慢慢醒来，睁开双眼，见到惠能慈善的面孔，感谢惠能的搭救。惠能行过礼后，问道："请问和尚，你是何方游僧?"和尚声音仍然微弱，答道："贫僧名唤昙璀，是法融大和尚的徒弟。"惠能在湖北东山寺时曾听一些老和尚讲历代师祖的故事，想到法融的故事，就问道："是不是四祖道信特许在他法脉下自立门户的'牛头宗'（法融禅师，受学于三论宗的茅山大明法师，后来开悟，在金陵〔今江苏南京〕牛头山传牛头禅，法融为牛头宗初祖）法融大和尚?"僧人答道："正是。"原来，这个僧人是禅宗四祖道信特许在其脉下自立门户的"牛头宗"法融的得意弟子昙璀（621~692）。

昙璀属于牛头宗的第二代传人。昙璀当时在皖浙交界山区传道弘法，被坏人诬陷为与陈硕真起义军有勾结而遭到通缉。唐高宗时期，朝廷内部争权夺利，贪赃枉法，百姓们衣不蔽体，食不果腹，怨声载道。陈硕真（?~653）是浙江睦州雉山县梓桐源田庄里（今淳安县梓桐）人。她早年丧夫，家境贫寒，由于不忍见乡亲受官吏的压榨和迫害，于653年率众起义。她以道教的名义发动群众，鼓动了一些没有生计的穷苦百姓参加，后来遭到朝廷镇压。陈硕真等起义军首领和大量参加起义者被处死。一旦有人被诬陷勾结义军，就是勾结匪帮，要遭判重刑。

昙璀无奈，只得从江西逃到怀集一带躲避。由于风餐露宿，又饿又病，积劳成疾，晕倒在地。惠能用草药为他治好病，与他在龟嘴岩同住长达三年。在这期间，二人切磋经义、佛理，友情甚笃。后来，昙璀冤案得以澄清，遂告别惠能。临别时，他把师父法融所著《心铭》《绝观论》手抄本送给惠能，使惠能修习佛法又得到另外一系的真传，以致使惠能对经义、佛理的见解大有长进，从而为他进一步成为南宗一代祖师夯实了基础。

在这样长的避难时期里，惠能接近村民和下层群众，这对他后来的禅修思想和理论产生了很大的影响，如他主张"心平何劳持戒，行直何用修禅"，意思是说在一个人心态本真本善、自性不迷的情况下，言行自然会符合佛法，而没有必要用那么多戒律等条条框框的束缚，就已经可以自然而然地符合佛法戒律的要求了；如果一个人按照自己的本性来行事，那么，这个人自然而然也就处于禅的境界当中了，因此，也就没有必要再特意去修禅了。他还认为"下下人有上上智"等。这些都是惠能结合自己的亲身经历，在和广大下层劳动者的接触和观察中所产生的深刻认识。

# 第 6 章

# 落 发

　　尽管惠能在东山寺早已经名声大噪，但他仅仅是个行者，尚未落发为僧。唐高宗上元三年（676），惠能走出四会、怀集一带的深山，来到了广州。惠能听说广州法性寺（今光孝寺）来了大法师印宗，遂来到这里。

　　光孝寺是广州历史最悠久、占地面积最大的佛教寺庙，它与潮州开元寺、韶关南华寺、肇庆鼎湖山的庆云寺并称为广东四大名寺。光孝寺占地 3.1 万平方米。从中轴线起，由南往北的建筑计有：山门、天王殿，主殿大雄宝殿，瘗发塔；其西有鼓楼、睡佛阁、西铁塔；其东有洗钵泉、钟楼、客堂、六祖殿、碑廊；再东有洗砚池、东铁塔等，形成了一组颇具规模的古建筑群。寺内的诃子树和菩提树，均是二百年以上的古树名木，绿叶婆娑，巨冠如伞，整个环境显得十分开阔幽静。光孝寺内，庭园广阔，古木参天，殿宇棋布，文物众多。因又与禅、净、律、密等佛教各宗派都有着密切的关系，故被尊为禅宗明庭而驰名中外。

## 风动，还是幡动？

一天傍晚，印宗法师正在法性寺开坛讲经，讲解的经典内容是《涅槃经》。惠能悄悄地进去恭听。忽然吹来一阵大风，悬挂在大殿上的佛幡被吹得左右摇动，弟子们议论纷纷。讲经的上座印宗和尚见殿前的佛幡在风中摆动不定，便问众人："到底是风在动，还是幡在动？"有的说："幡是无情物，是风在动。"有的说："明明是幡动，这哪里是风动？"听众分为"风动"和"幡动"两派。一时间双方各执一词，争执不下。这时候，惠能在旁边听着，感觉双方都未能见识自性本心，便说："既不是风动，也不是幡动，之所以你们都说'动'，是因为你们的心在动啊！如果仁者的心不动，就风也不动，幡也不动了。"

在座的人一听，无不感到震惊。大家循声望去，只见说此番话的人是一个没有剃度的人。印宗见惠能语出不凡，知道来人并非普通人，马上下坛，邀请他入室，当即与惠能打起了禅机。最后，印宗法师为惠能彻悟的禅意所折服，就详细询问道："您莫不就是当年接受了五祖大和尚衣钵的惠能和尚？"惠能说："正是。"惠能这才将珍藏了十五年的袈裟和钵盂出示。印宗这才知道，原来他就是人们追寻了十五年的六祖惠能。那天是正月初八。印宗法师当即请惠能至上席，请教佛法，惠能为之解说。印宗法师合掌钦佩地说道："我讲经好比瓦砾，大和尚讲经犹如真金般灿烂。"

# 正式为僧

唐上元三年（676）正月十五元宵节，印宗即在法性寺为惠能举行剃发出家的大典。印宗法师集合了法性寺众弟子，在法性寺大雄宝殿后面的一棵菩提树下，给惠能削发剃度。在场的人员当中，包括当时当地十大著名的高僧。惠能剃度的仪式隆重、庄严。这样，他才算正式出家，成为一个真正的和尚。这时惠能已经三十九岁。然后，印宗法师自己再拜惠能为师，禅让法性寺最高的法位给惠能六祖。二月初八日，是释迦牟尼佛出家苦行的日子，就在这一天，印宗法师集聚高僧大德，由西京智光法师主持，为惠能授具足戒（具足戒又称近具戒、大戒，略称具戒）。

除了智光作为律师为受戒师以外，还包括苏州慧静律师为羯磨师，荆州通应律师为教授师，中印度者多罗律师为说戒师，西印度密多三藏法师为证戒师。惠能剃度时的那棵菩提树和受戒的戒坛，是由从天竺来中土传法的高僧种植和建筑的。传说刘宋时代有一位求那跋陀罗三藏法师（三藏，即佛教"经""律""论"的总称），创建了这座戒坛，坛上竖一石碑，且曾预言："后世当有一位肉身菩萨于此受具足戒。"梁武帝天监元年（502），印度智药三藏法师航海来到中国，他到了曹溪以后，看到这法坛与石碑，将从印度带来的菩提树栽植在坛边，并立碑预言说："一百七十年后，当有肉身菩萨在这菩提树下，开演上乘佛法，广度无量众生，真是传佛心印之法主也。"从此，惠能作为佛教禅宗的第六代祖师而正式归入佛门，弘传佛法。这正应了两位印度高僧的预言。

六祖惠能剃度出家的法性寺，当时是岭南佛教和佛经翻译的中心，也是当时中国佛教文化的一个重镇。惠能剃度之后，人们将惠能这次剃度的头发埋入法性寺院内的地下。后来，在埋头发处盖起一塔，名叫"瘗发塔"。如今，广州的光孝寺，仍存有该塔，成为禅宗的一大圣迹。瘗发塔建于唐代，为仿楼阁式的砖塔，八角七层，高 7.8 米，形制十分精致，是当年六祖惠能削发剃度后埋藏头发的地方。

瘗发塔的东面是风幡阁，这是为了纪念六祖在法性寺的"风幡论辩"事迹在唐代而建设。明代时，重修风幡堂和睡佛阁，将两座楼阁合为一体。现在风幡阁中有达摩、六祖的石刻像碑，一面刻有六祖像，另一面刻有达摩像，为元代的碑刻。风幡阁墙壁上有两幅彩画：一幅是记载六祖风幡之动论辩的事迹，一幅则记载达摩东渡的故事。六祖堂在瘗发塔的旁边，建于北宋真宗年间，是为纪念六祖惠能而修建。堂内有座六祖惠能的雕像，神态安详，表情中充满了智慧，为近年所雕。而在六祖堂前还有一只大木鱼。木鱼为佛教法器之一，刳木为鱼形，中间凿成空洞，扣之作声，鱼头朝外。按佛寺里的规定，只有十方丛林（由于很多佛寺建在僻静的丛林、山间，因此，丛林一般被当作佛寺的代名词。根据其规模大小、财产属性和住持的传承方式，分为十方丛林和子孙丛林两类。规模较大、财产属僧团共同所有、住持系公请诸方名宿大德担当的丛林，被称为十方丛林）才能将鱼头朝外。

法性寺曾经过几次名称的变迁，宋朝时，改名为光孝寺，直至今天。法性寺因为惠能的到来而名扬天下。

# 第7章

# 传　法

唐仪凤二年（677）春，惠能离开法性寺，北上到韶关东南的宝林寺（现在的南华禅寺）开山传法。前来送行的僧俗人众有一千多人，还有从外地投奔和追随惠能的僧侣数百人来到宝林寺。在宝林寺，六祖惠能演说顿悟禅法，传教弘法长达三十七年。

早在两晋南北朝时期，韶州的佛教已经兴起。韶州上下，礼佛、敬佛成风，对于佛教的进一步发展，有很好的基础。到唐朝初期，韶州的佛教根基已经十分牢固，传统也十分深厚。人不分男女老幼，士农工商，缙绅官吏，乞丐儒士，都非常敬重佛教事业。人们烧香拜佛，礼敬僧人、居士，已经成为当地的社会习俗。当地官员往往也将本地的高僧大德视为上宾，经常主动向僧人们请教阅读经藏中的疑问，探讨佛陀的教义。

## 亚仙舍地

宝林寺位于韶关市曲江区马坝镇以东七公里的曹溪河畔。

背倚宝林山，面对曹溪河，千山围绕，一水潆洄。寺院建筑坐落在灵山秀水之间。

现今占地总面积约42.5万平方米，主体建筑群总面积1.2万平方米。为阶梯式中轴线对称平面布局。寺向为坐北朝南。中轴线上由南至北依次为曹溪门（头山门）、放生池（上筑五香亭）、宝林门（二山门）、天王殿、大雄宝殿、藏经阁、灵照塔、祖殿、方丈室。自天王殿始作封闭，东侧依次为钟楼、客堂、伽蓝殿、斋堂等；西侧依次为鼓楼、祖师殿、功德堂（亦称西归堂）、禅堂、僧伽培训班等。主体建筑院落外，北侧有卓锡泉（俗名九龙泉）、伏虎亭、飞锡桥；西侧有无尽庵、海会塔、虚云和尚舍利塔；东侧有中山亭。宝林寺依山傍水，风景秀美。

据明朝万历《曹溪通志》记载，南朝梁武帝天监元年（502），印度高僧智药三藏法师自广州北上，途经曹溪，"掬水饮之，香味异常"，"四顾群山，峰峦奇秀，叹如西天宝林山也"。于是，就建议地方官奏请梁武帝在此地建寺，梁武帝恩准。天监三年，寺庙建成，梁武帝赐额"宝林寺"。六祖惠能的到来，使南宗禅法大播于天下。故宝林寺（南华禅寺）也名震天下，素有南禅祖庭之称，与嵩山少林寺并称为禅宗祖庭。宝林寺以后曾数次改名，在唐代曾改名为"中兴寺""法泉寺"等，均由唐朝皇帝敕名。宋朝开宝元年（968），宋太祖赐额改称"南华禅寺"，该名称沿用至今。该寺院在东南亚、朝鲜、韩国、日本以及欧美等国家和地区有重要影响。

宝林寺与惠能也有段传说。六祖惠能来到宝林寺的时候，宝林寺不仅破败，而且狭小。再加上由于惠能的到来，远近各处有数百名僧人投奔惠能，宝林寺已经难以容纳。于是，惠能想扩建寺院。一打听，远近方圆几十里的土地都属于当地大财主陈亚仙的土地。惠能就找到陈亚仙的宅第，登门拜访陈亚仙老人。传说在惠能和陈亚仙之间发生了这样一个故事。

惠能说道："贫僧欲求老人借地讲法，不知可否？"陈亚仙答道："不知和尚要多大的土地？"惠能说道："只需我的座具那么大足矣！"陈亚仙以为座具很大，就问道："和尚的座具有几里宽阔？"惠能笑着将自己的蒲垫拿起来向陈亚仙展示说："就这么大，您看行吗？"陈亚仙以为是玩笑，欣然答应。

惠能将蒲垫往空中一展，霎时，蒲垫尽罩曹溪四境。还有四大天王各持法器，威风凛凛地坐镇四方。陈亚仙一看，知道惠能和尚的法力广大，便倒身下拜说道："老夫愿献此地，永为宝刹。"惠能连忙扶起陈亚仙回敬道："多谢施主施舍此宝地，请受我一拜。"

由于惠能法力广大，当地的一座山被人尊为天王，所以，名称天王岭。从此，宝林寺重修并扩建，规模宏大。附近的其他地方，也相应建起了新的道场。

但陈亚仙要求给他留下祖坟之地，惠能应允。乃至于在现在的南华禅寺（原宝林寺）的祖殿前，还静静地坐落着陈亚仙家的一座祖墓。后来陈亚仙也皈依佛教，成了在家居士。陈亚仙乐善好施，除墓园地以外，将自家全部的土地、山岭都捐给了佛教寺院。他还提出建议，此地风水甚好，山如龙象，地势高处，建筑物宜低，地势低处，建筑物宜高。远观屋顶平整如砥。但不可挖高填低，任意开掘，以免破坏当地的自然和风水。惠能采纳了陈亚仙的提议，宝林寺的建筑遵循了陈亚仙的自然和谐的观念。

惠能来到韶州地方以后，留下很多奇闻逸事。其中，有一些似乎能够烘托出惠能是得道高僧。这些，在正史中也有记载。原来，韶州这个地方虎豹豺狼出没，居民受害无数。自从惠能来到此地驻锡传法以后，当地害人的猛兽一夜之间散尽，了无踪影。从此以后，长久太平。《旧唐书》中曾经这样记述："韶州山中，旧多虎豹，一朝尽去，远近惊叹，咸归伏焉。"

## 空而不空

据说，韶州法海禅师最初求见六祖惠能的时候，诚心问法，惠能便在法堂里接见了他。法海本是韶州曲江人，他听说惠能到大梵寺讲经说法，就去了大梵寺，想谒拜惠能。但这时，惠能已经回到了宝林寺。于是，法海又追到了宝林寺。法海见六祖惠能立即参拜，礼拜完毕，向惠能求教问道："弟子请问和尚，什么是即心即佛？请大和尚为我讲解！"

惠能答道："前念不生即心，后念不灭即佛。成一切相即心，离一切相即佛。我若照此说下去，永远都说不完。听我说一偈语：'即心名慧，即佛乃定。定慧等持，意中清净。悟此法门，由汝习性。用本无生，双修是正。'"

法海听完此偈语，明白了什么是"即心即佛"，并理解了惠能所指定、慧双修的入门捷径。于是，法海心甘情愿地拜在惠能门下做徒弟，参禅悟道。后来他也作了一偈赞许道："即心原是佛，不悟而自屈。我知定慧因，双修离诸物。"惠能在此所说的"即心即佛"，意思是让修习禅法的人自己认识自己的本心，通过自己的体证，达到悟本心佛性、破迷开悟的证悟状态。定、慧双修，是惠能主张的定、慧一体观。惠能认为定是慧体，慧是定用。这便是惠能的禅法。

一次，惠能正在给众人讲法，惠能的大弟子法海趴下身子，行了五体投地的大礼，问道："师父当年在黄梅时，作了'菩提本无树，明镜亦非台，本来无一物，何处惹尘埃'的偈语，以此得到达摩衣钵，请问师父，菩提自性，莫非就是'空'？"

惠能回答道："我的那个偈语，已经传遍天下，但天下人只知道我在谈空，却不知空为何物，何物为空。"整个禅堂静如止水，只有惠能低沉悠缓的声音在飘荡："空，并非空无一物。如果以为空无一物即是菩提自性，那么，终日静坐即能成佛。这种看法就是邪见缠身，不是我弟子的看法。佛说，一个太阳、一个月亮为一小千世界，三千小千世界为一中千世界，三千中千世界为一大千世界。有三千大千世界的世界非常之多，其数量多得像恒河的沙子那样，数也数不过来。如果能够经常将这种三千大千世界含摄在心中，才能认识到一个'空'字的含义，弄懂空的内涵。佛陀的心所能包容的事物，无边无际。所以，无方圆大小，无上下长短，包容万象；所以，无怒无喜，无是无非，无头无尾。在这颗心的容量中，应有日月星宿，山河大地，泉源溪涧，草木丛林，恶人善人，天堂地狱，总揽乾坤，囊括宇宙，才称得上符合一个'空'字所表达的内涵。"

惠能接着说道："菩提却不在世界中，而是在自性中。但世俗之人，不得见之。因为世俗之人，心动无常，杂念丛生，将自性遮蔽。人之心动，如同水流，前念方生，后念又来，绵绵不绝，利刀难断。前念生即为过去心，后念来即为现在心，念未来即为未来心。过去心过去，未来心未来，现在心了不可得。心中思想现在，现在已成过去。所以，人心不能把握现在。佛心却不如此。前念已去，后念未到，佛心止于这中间的境地。此地即为《金刚经》所说的'无余涅槃'。菩提自性，只存在于无余涅槃之中。"

"前念不生、后念不到为涅槃，那睡觉岂不就是涅槃?"这时，惠能的另一个徒弟神会不解地说道。僧众听到后哄堂大笑起来。

惠能耐心地解释起来："睡觉为有余涅槃，非无余涅槃。心无烦恼即是有余涅槃，心常寂灭，念念不生，方为无余涅槃。"惠能沉吟片刻，反问神会，"你以为睡觉可笑吗?若不是天天睡觉，你岂能活到今日?"僧众又大笑起来。

神会有些不好意思的样子，挠了挠脖子，也憨笑起来。但他又很认真地问道："心中无念，岂不就是空无一物?师父刚才为何又说，空无一物，不是菩提自性呢?"

惠能答道："空无一物，是有余涅槃，它还有一个'空'啊，'空'也是一念呀。连'空'也没有，方是无余涅槃。所以我说'本来无一物'，不是说'空无一物'。'本来无一物'，连'空'也没有呀!我的神秀师兄饱读经书，岂不知道'空'?但他四大皆空，唯独'空'念未空，所以不能见菩提自性，这才须要时时拂拭啊!"

神会恍然大悟，觉得惠能的讲解精妙绝伦。惠能的句句答语仿佛如无坚不摧的利箭，透过了一层又一层迷惘的心扉，直接点到了最要害的地方。这时，梵钟响起，已到了日中进食的时分，惠能宣布讲经法会散会。僧众们都还原地坐着不动，仿佛每个人都沉入了心底，都还在追寻着惠能讲法的声音在心底的些微回荡；在惠能的启发下，仿佛看到了自身的菩提本性，正沉浸于自性之中……过了好一阵子，人们才涌动起来。随着人流，僧人们一个个走出了禅堂，前往吃饭的斋堂。

## 南宗、北宗

惠能得法后三年，五祖弘忍大和尚圆寂。神秀离开东山寺，潜行修法，隐居约十年之久。后来，在崇信者的推戴下，在荆州当阳山（今湖北当阳县东南）玉泉寺大开禅法，主持寺院。神秀宣讲禅宗渐悟心法，从者如云。南北两宗，一时并盛，时称"南能北秀""南顿北渐"。

惠能大和尚说，见有迟疾，人有利钝，法本一宗，法无顿渐，都出自同一师门。六祖惠能的顿教禅法与神秀的渐修禅要，一南一北，一顿一渐，交相辉映，共同将禅宗推向了前所未有的高峰。神秀被皇家"推为两京（唐朝的首都长安、洛阳）法主，三帝（指唐朝中宗、睿宗、武则天三位皇帝）国师"。惠能则得祖师真传，彻悟得道。

武则天女皇曾多次诏请神秀为之宣讲佛法。久视元年（700），武则天派遣特使将神秀迎入京城洛阳，破例允许接神秀的大轿子直接进入皇宫大殿。神秀下轿以后，武则天女皇对神秀行跪拜大礼，请神秀为之宣讲佛法。后来，诏请神秀到长安内道场说法。神秀时年九十余岁。

从武则天对神秀的礼节中我们可以看到古代帝王对佛教尊崇的程度。可以说，人世间所能享受的最高礼遇，神秀法师都享受到了。当时中国北方寺院的住持，大多都是神秀的徒弟。神秀法师深得武则天敬重，武则天下令在当阳山设立度门寺，在尉氏设立报恩寺，表彰神秀的德行。尽管神秀在当时得到这么高的殊荣，然而，他却依然虚怀若谷，向武则天推荐惠能说："南方有惠能禅师，密受弘忍大和尚衣法，我不如他，实在愧受国家的恩德。"武则天看到神秀能有这样谦虚、仁厚的胸怀，并不计较惠能继承衣钵之事，对神秀的品德大加赞美。由于三代皇帝对神秀的敬重和礼遇，神秀在有唐皇朝声名显赫。连《旧唐书》中对惠能的记载，都将惠能和神秀自然联系在一起。在《旧唐书·第一百九十一卷·列传第一百四十一·方伎》中，有关神秀的历史记载多达四百余字，而关于惠能的记载只有二百余字。除了对神秀的记载以外，《旧唐书》在记载惠能时，用神秀来解释惠能，其中这样写道："神秀同学僧慧能者，新州人也。与神秀行业相埒。"这也说明了神秀声名远播，在当时的名望和影响力远远超过惠能。

女皇武则天对惠能亦敬重有加。在神秀的力荐之下，唐万岁通天元年（696），女皇武则天为"表朕之精诚"，曾特地遣中书舍人给惠能赐送水晶钵盂、磨衲袈裟、白毡等礼物，其诏书对惠能表达了十分尊崇的心情："恨不趋陪下位，侧奉聆音，倾求出离之源，高步妙峰之顶。"由于神秀对惠能的大力举荐，于是，武则天派遣专使，到曹溪诏请惠能带上传法衣钵北上长安，迎惠能入京。惠能深知，只有在山林自然之中，在普通民众之中，才是禅宗的生命源泉。所以，他以老病为由，委婉拒绝了皇家的诏请。

武则天遭惠能婉拒，深感遗憾，但仍赐惠能大和尚水晶钵盂、千佛袈裟各一件等宝物。神秀又亲自给惠能写信，派信使专门送信，邀请惠能。惠能对信使说："我身材矮小，相貌丑陋，北方人看到我这种样子，恐怕不会敬重我的传法。再加上弘忍大和尚又说我与中土南方有缘，也不能违背师父的嘱咐和缘分啊。"（"吾形貌短陋，北士见之，恐不敬吾法。又先师以吾南中有缘，亦不可违也。")

唐中宗神龙元年（705）正月十五，太后武则天与唐中宗皇帝颁诏，请嵩山的慧安法师、荆州的神秀法师到宫中接受供养，并聆听他们讲解佛法。二位高僧又极力推荐惠能。中宗皇帝即命内侍薛简持诏迎请惠能进京。惠能因年高有病，上表辞谢。阴历九月十三日，皇帝颁诏奖谕，赐磨衲袈裟、水晶钵盂，钦命修饰宝林寺，又在惠能六祖的新州旧居地方建立一座国恩寺。

禅宗南北两派，各有成就。大德高僧之间，也并没有门户之见，还相互推勉，客观给予评价，相安无事，传为佳话。

惠能和神秀虽然不在意彼此的分化而立，但神秀的徒弟却有爱憎分别之心。神秀的某些弟子很看不起惠能。认为他不识一字，仅凭一首偈颂骗得了衣钵，有什么能耐？神秀告诫他们："惠能虽不识字，与我佛有缘，悟性很高，领悟到了佛法的真谛，我不如他。正因为如此，五祖才把衣钵亲自传授给他，你们切不可生歧视之心。""我年岁已老，否则，将亲赴曹溪听师弟讲法。"在神秀的鼓舞下，他的数名弟子转而投奔惠能。

神秀以渐悟方法修持，提高和证悟的速度虽然无法和惠能的顿悟禅法相比，但也已经达到了相当高的境界。神秀所主张的"心体离念"，"离念"相当于惠能的"前念已过，后念未至"的无念。而神秀的"一物不见"，"不见六根相，清净无有相"，"心无初相"，相当于惠能的无相。据此而言，神秀的禅法合于《坛经》所说"顿渐皆立，无念为宗，无相为体，无住为本"。

因此，神秀和惠能的禅法，实际上有相互融通的一面。从这个角度讲，神秀晚年也已经达到了相当高的境界。他早已看透世事纷扰，以后则超凡脱俗，不理僧俗事务，安享晚年。唐中宗神龙二年（706），神秀在他当年受具足戒的洛阳天宫寺逝世，享年一百零一岁。

唐朝皇庭以极高的礼遇规格为他治丧。唐中宗亲派使者悼哀，皇亲王侯纷纷赙赠。出殡之日，中宗皇帝御驾护送神秀灵柩至午桥，王公百官一直送到伊水，仪仗则陈设至山龛，太常卿鼓吹导引，城门郎护监丧葬。神秀圆寂以后的丧葬法事的确是极尽哀荣，无与伦比。朝廷在神秀圆寂后不几日，册谥他为大通禅师。

## 深夜剑光

树欲静而风不止。由于惠能在曹溪的影响日益扩大，当时，北宗门人中的一部分人害怕五祖弘忍传衣法给六祖的事情被天下人知晓，影响北派声誉。气量褊狭、嫉妒心强烈的北宗门人影空等人心中产生了巨大的恐慌，他们对五祖将衣钵传与惠能愤愤不平。北派的一些弟子就背着神秀密谋，企图加害惠能。一个叫志明的和尚出了个主意，他说自己有个俗家朋友叫张行昌，有一身好武功，喜好打抱不平，可以让他教训惠能。众人觉得这办法并不好，可一时又想不出别的办法，便一再叮咛道："点到为止，让惠能有所顾忌就行了，不可把事情做绝。"于是，志明就找到张行昌，对他说惠能骗取法衣等许多不是，让他给惠能点儿颜色。并说事成后，给十两黄金酬谢。张行昌一听惠能的不是，怒气直冲头顶，暗下决心要好好收拾一下惠能。

张行昌怀藏一把尖刀，腰挎一口宝剑，日夜兼程，直奔曹溪而来。不多日子，张行昌悄悄来到了曹溪，准备对付惠能。他首先对宝林寺进行了一番侦察，了解和熟悉惠能的情况。

这一天，惠能照例升座讲法，忽然看见一个人面露杀机，于座位上听法。原来，张行昌已经进入经堂，混在听讲的僧众中坐下。惠能不动声色照常说法。到了晚上，惠能取出十两黄金放在卧榻之旁的禅椅上，然后，虚掩着方丈室的大门，熄灭灯烛，安然坐于禅床之上。

张行昌白天听了惠能的讲法，但实际上，他根本就一点也没听进，而是盘算着如何对付惠能。可是，他觉得这里的一切都与玉泉寺不同。他过去也曾到过玉泉寺听法，神秀禅师讲法时，总是端坐在高高的法椅之上，面前的法桌上放着几堆经卷，受过具足戒的僧人侍立两旁，一般的僧众盘腿坐在下面，听他居高临下地讲经。神秀讲起经来旁征博引，滔滔不绝。惠能讲经的法座虽然也很高，但前面的法桌上一无所有。惠能不像是在讲法，倒像是和大家一起聊天。而且，还不时同听讲的人相互交流，在座的人听得津津有味，都像入了迷一样。而在这个经堂里所有的人都盘腿而坐，不分等级贵贱。但他的弟子们对他却格外恭敬。张行昌在直感上觉得惠能不是一个坏人，自己反倒心虚起来，但他并没有多想。此刻，他已经盘算好了自己的计划。

这一天入夜，张行昌从宝林寺外越墙而入，在寺院内阴暗的角落里细心地观察动静。约莫到了三更天，他轻轻推开方丈室的门，室内静得一点声音也没有，他定睛一看，原来惠能安静地坐在禅床上。他轻轻地举起宝剑，忽然想起志明和尚一再叮嘱他不能把事情做绝，便收起宝剑。但转念一想，今夜若将惠能杀死，也许能多得些金子呢。一念之差，张行昌来到惠能床前，借着透过来的月光对着惠能的脖子就是一剑。只听"当"的一声响，张行昌觉得像砍在了石头上，宝剑一下子被弹了回来，虎口震得发麻。他来不及细想，又连砍两剑，都是如此。而且，惠能有意伸着脖子让他砍。他还想再砍，但发觉自己的手臂已经有些麻木，好像已经不听使唤，想举也举不起来。

正在这当口，就听惠能大声呵斥道："大胆恶徒，还不放下屠刀！正剑不邪，邪剑不正，你受人利用，刺杀良善，岂能伤我毫发！我只欠你十两黄金，不欠你人命！"

张行昌被惠能在黑暗中突然的呵斥声吓得魂不附体，下意识地"当啷"一声扔下了宝剑，膝盖一软，扑通跪在地上，突然昏厥过去。过了良久，张行昌方才醒来，不住地磕头，哀求惠能饶命。惠能说道："我可以给你钱让你逃生，却不会要你的命。"张行昌哀求六祖，忏悔自己的过失，表示愿意出家为僧，终生侍奉惠能。惠能拿过十两黄金递给他，说道："你赶快离开吧，如果我的弟子知道你是刺客，必然加害于你。再留下恐怕徒众会把你杀了。你要出家，可改天换身装束再来。我会接受你的拜师之请。"

张行昌含泪拜别。张行昌回去以后，果然出家当了和尚。一天，张行昌想起与六祖的约定，前来拜师。惠能说道："我念你已经很久了，你为什么这么晚才来？"张行昌说道："前次承蒙师父没有追究我的罪过，现在虽然出家苦行，终难报答六祖恩德，只有靠跟随您传播佛法，度过我的余生，来报答师父。弟子经常阅读《涅槃经》，却没有通晓有常和无常的含义。请师父慈悲，稍微为我解说。"

惠能说道："事物流转运动，从不停止。所谓瞬息即变化的无常，就是佛性；所谓永恒不变的有常，是区别一切好坏事物和现象的心念。"惠能这么一说，把张行昌搞迷糊了。张行昌说道："师父所说，和经文完全不同啊。"

惠能说道："我是一个传佛心印的人，怎么敢违背佛经呢？"张行昌说道："经上说佛性是常，师父却言佛性是无常；经上说好坏一切事物和现象，乃至想要成佛的心念，都是无常，师父却说是常。这就违背了佛经，令我这个学习的人更加疑惑。"

惠能说道："《涅槃经》，我过去听尼姑无尽藏读诵一遍，便为她讲说，无一字一义不合经文。今天为你解说，也没有第二种说法。"张行昌说："我认识浅薄愚昧，愿师父详细开示。"

惠能说道："你知道与否？佛性如果仅仅是有常，不用说什么好坏一切事物，就是永远也不会有一个人发出想要成佛、大彻大悟的心念。所以，我说是无常，正是佛陀所说的真常的道理，所谓真常无常。说一切事物是无常的原因，是说万物皆有自己的秉性，常生常死，而真常性却有不同之处。故我所说的常，正是佛所说真正的无常之义。佛陀为了避免凡夫外道纠缠于邪常，像你这些似悟没悟的人把常当作无常，所以在《涅槃经》的教义中，破你们的偏见，而明白地说要真常、真乐、真我、真净。你今天只知道经文，却违背佛义，割断常与无常，认定常是死的，而错解了佛陀圆寂之时最后的教化，你即使把《涅槃经》读上千遍，有何所益？"

可见，惠能所说，与佛说的没有两样，只是张行昌一下转不过来弯。惠能为什么要这样说？张行昌执着在经文的文字表面意义上，六祖用这个方法破他的执着。执着一破，经文的道理就容易明了，而不是死抠字里行间的表面意思。

惠能善巧方便，随机度人。张行昌忽然大悟，作偈说："因守无常心，佛说有常性。不知方便者，犹春池拾砾。我今不施功，佛性而现前。非师相授予，我亦无所得。"

惠能说："你现在彻底觉悟了，可以取名志彻。"因此，张行昌的法号就称为志彻。张行昌刺杀惠能未成，反而在惠能的感召和教诲下终身追随其左右。

## 志诚盗法

神秀对惠能固然敬重有加，表现出了有深厚修养的高僧大德的大度胸怀，但神秀心中一直萦绕着一个问题，就是五祖弘忍为什么因为一偈就将衣法传给了惠能？而惠能为什么有那么大的吸引力和感染力？神秀常听人说惠能说法疾指直路，究竟是怎么个指法？神秀心想，我应该了解究竟。于是，神秀命门下弟子志诚到曹溪礼拜听法，并嘱托他将听到的法记下来，以便回来禀告自己。志诚领受师命以后，赶赴到曹溪。

志诚到曹溪宝林寺以后，混在僧众中听惠能讲法。别人问他来历时，他却吞吞吐吐，不敢说清楚。惠能明察秋毫，这当然瞒不过惠能。

按照当时的习俗，非本寺庙的僧人前来听取讲经解法，要事先登门拜师，打一下招呼。而志诚却既未登门拜师，也完全没有打招呼，不符合佛门礼仪，属于盗法。因此，惠能正在讲法当中，中间却突然停了下来，告诉众人说："现在有盗法之人，潜藏在此。"

志诚本来心虚,见到惠能这样一说,知道是指自己,吓得立刻站出来,对惠能礼拜,把来龙去脉对惠能说清楚了。惠能说:"你从玉泉寺来,应该是一个细作。"志诚理直气壮地回答说:"不是。"惠能反问:"为什么说不是?"志诚干脆地说:"没有说即是细作,向和尚说了就不是。"先前众人一听到惠能讲有细作,一时间,法会上出现了严肃、紧张的气氛。听到这里,众人不觉哈哈大笑起来。惠能也觉得志诚的回答很有趣。

惠能接着问:"你师父神秀如何教导徒众?"志诚回答说:"经常教导我们要凝住心思,观佛性清净,长坐不卧。"惠能听了,不由说道:"凝住心思观佛性清净,是悟道的毛病而非真正得到禅定。长时间静坐,拘束身体,于悟得佛理能有什么益处呢?能靠静坐超脱生死轮回吗?让我给你说一首偈语听:生来坐不卧,死去卧不坐。一具臭骨头,何为立功课。"

志诚再次向惠能行礼,然后说:"弟子在神秀大和尚处学道九年,没有得到切实的领悟。今天听您这么一说,就契合了我自己的佛心。弟子以为,超脱生死轮回事莫大焉,望和尚发大慈悲,更为详细地给我教诲和开示。"

惠能说:"我听说你的师父教授戒定慧的方法,我没见过你师父说的戒定慧究竟具体如何,你给我说说看。"志诚说:"神秀大和尚说,各种恶事不去做,名为戒;各种善事去奉行,名为慧;心思清净,名为定。他的说法如此,不知道您用什么佛法教诲人?"惠能说:"我如果说有佛法给人,即为欺骗你,不如就着你师父所说的继续说下去。你师父所说的戒定慧,实在不可思议。我所理解的戒定慧与他有差别。"志诚说:"戒定慧只有一种,怎么还能有差别?"

惠能说："你师父所说的戒定慧，是说给有一般智慧的人听的；我所说的戒定慧，是说给最上乘根器的人听的。二者只是领悟和理解不同罢了，领悟和理解有快慢。你且听我的说法，与你相同否？我所说的佛法，不离开自己的佛性，也就是不离自性。离开自性说法，叫作就事说事，而自己本身的自性却常常迷失。你要知道一切佛法，都从自身的佛性发挥作用，这才是真戒定慧法门。你听我的一首偈语吧：心地无非自性戒，心地无痴自性慧，心地无乱自性定。不增不减自金刚（佛教经论中常以金刚比喻佛性坚固不坏），身去身来本三昧（心定于一处而不动为三昧）。"

志诚听了惠能的偈语以后，觉得自己以前的认识还有些不足，不够到位。现在，经过惠能的点拨，已经透彻领悟，因此，对惠能表示感谢。志诚道谢以后，也呈上一偈："五蕴（色、受、想、行、识五种积聚的因素，即是物质、感觉、反应、言语行动、思维）幻身，幻何究竟？回趣真如（生命最终不变的本性或本体），法还不净。"

惠能认为这首偈语说得很好，又对志诚说："你师父的戒定慧，劝勉有小智慧之人；我的戒定慧，劝勉有大智慧的人。如果觉悟到了自身的佛性，不执着于菩提涅槃（佛教全部修习所要达到的最高理想，一般指熄灭生死轮回后觉悟，不生不灭，大自在的状态和境界），也不执着于生死解脱或者见识。无一法可得，方能建立万法。你如果理解这个意思，就可以名佛身，也可以名菩提涅槃，也可以叫作解脱生死或者见识。觉悟佛性之人，执着可得，不执着也可得。去来自由，无滞无碍。应用随作，应语随答。会在任何事物上见到自性的化身，不离自性，就是不离自身的佛性，即得自在神通，游戏三昧世界，这才叫作见到了自性。"

志诚再次对惠能礼拜，然后对惠能说："什么是不追求设定的目标呢？"惠能说："自身佛性无是非之分，无慧痴之分，无定乱之分。大彻大悟后，佛性会常常离开具体的事物，自由自在，纵横随意，有何执着、追求的目标呢？自身佛性需要自悟、顿悟与顿修，也没有渐悟的什么过程和次序。所以，不树立任何追求的目标。任何事物和现象的本质都属于空性、寂灭，又有什么高低上下之别呢？"志诚再次对惠能礼拜，愿意成为惠能身边的侍从，朝夕侍奉。志诚受到惠能的教诲，精进修行，大有长进。

## 刺史求道

就在惠能到宝林寺以后不久，韶州府刺史韦琚听说曹溪宝林寺来了一位和尚惠能，是继承五祖衣钵的六祖禅师，就带领自己的部下大小官员三十余人来到宝林寺拜见六祖惠能。韦刺史来到山门前，传令大小官员文官下轿、武官下马，步行拜见六祖惠能。惠能听说刺史到来，立即命门人打开大门，迎接刺史走进寺院。只见走在前面的刺史韦琚，头戴乌纱，身穿官服，国字大脸，满面红光。他的身后，跟随着一行大小官员，一步一步跟随刺史登上佛殿。韦刺史来到大殿门口，惠能站在大门前的石板台阶上，双手合十说："施主莫非就是刺史韦大人？"韦刺史见台阶上的和尚发问，仔细一瞧，和尚个子矮小，脑袋发亮，眉清目秀，身披袈裟，项戴佛珠，年龄看上去有四十余岁，目光炯炯，深邃灼人。韦刺史马上回答道："卑职乃是韶州府刺史韦琚，师父您就是六祖惠能大和尚吧！"惠能应道："贫僧就是惠能，不知大人驾到，有失远迎，请大人恕罪！""原来正是六祖大和尚，失敬，失敬！今日得见真是幸会，幸甚啊！"二人见面寒暄施礼一番，惠能说："请大人到客堂用茶。"韦琚向大家挥了挥手说："好！请各位随我一同到客堂去礼拜六祖大和尚。"惠能一边谦虚地说："岂敢，岂敢。"一边在前面带路，韦琚一行跟着惠能走进了客堂。

客堂里非常幽雅清静，香烟袅袅，气味芬芳。正面墙上挂着禅宗佛祖的法脉图像，图像座前点着油灯，正在供养。惠能将客人带进客堂一一落座。宾主落座之后，两个值班的僧人忙着为客人上茶。惠能表示说："有劳各位施主光临寒寺，本寺没有可心的招待，仅以清茶一杯请各位品尝。"韦刺史接话说："大和尚不必客气，我等今日专程来礼拜大和尚，并邀请大和尚到韶州城里大梵寺讲经说法，承蒙大和尚演说佛法，为韶州黎民百姓广开佛法因缘，普降甘露法雨，润泽韶州一方众生，不知大和尚可允否？"惠能听罢，点头微笑，赞叹道："难得刺史大人垂念一方百姓，想以佛法护佑韶州众生，善哉，善哉！贫僧欢喜前往，为黎民大众演说法要，教化一方众生。多亏韦大人慈悲，泽被一方，机缘难得，难得啊！"

惠能被韦刺史接到大梵寺，这一天，他先为韦琚刺史授无相戒。所谓无相戒，是惠能独创的一种止恶行善，辅助佛法修持的戒律。它以被受戒者自身的佛性（自性）为戒体。作为佛性自身，它既是实相，又是无相，不同于一般小乘和大乘戒律中的具体戒相，以佛性为核心，包括四个方面：皈依自性三身佛，四弘誓愿，无相忏悔和三性、三皈依戒。

惠能认为，佛经所说的法、报、化三身佛不在人的心灵之外，而在自己的心灵之中。因此，对于三身佛的皈依，不是皈依外在的佛，而是皈依自性，皈依内在的佛。

四弘誓愿是菩萨上求菩提、下化众生的决心和发愿。因为在佛教的经义看来，宇宙中最大的力量是愿力，发愿普度众生，成就佛道，是佛教修行的重要过程。但能否获得最终的解脱，在于自心和自性。因此，"众生无边誓愿度，烦恼无边誓愿断，法门无尽誓愿学，无上佛道誓愿成"。只是将修者引向佛教修行的一座桥梁、一条路径。有了四弘誓愿，就等于佛教信众在因地为自己种下了成佛的种子。

忏悔一般都要通过外在的仪式来认清自己身、语、意的罪过，但根本的是除去自己内在心念的污染。

三皈依戒要求皈依佛、法、僧三宝，佛是觉、法是正、僧是净。因此，惠能的三皈依，改变了原来皈依的指向，由外在的皈依变成了内在的皈依。其实，从佛教圆融的观点来看，本质上并没有差别。外在的佛和内心的佛是一体的，形式上有二，本质上相同。

惠能为韦琚刺史授戒以后登坛升座，为韶州僧众演说佛法。只见坛下听众如林，官府人员有韦刺史及其部下，还有僧、尼、道、俗和儒学的领袖及读书之人等共一千余人，鸦雀无声，静候惠能讲经说法。大家对惠能都抱着非常热切的期待，希望能够听到禅宗六祖宣讲的佛法要义。

惠能开讲的第一句话，就直指佛性关键："诸位善知识（能教众生远离恶法，修行善法的人，称为善知识。凡是博学明辨笃行之君子，也都可称为善知识）！菩提自性，本来就是清净的。只要用此清净的菩提心，即可直接了悟而成佛……"他讲到菩提自性，是人人天生原来就有的智慧觉性，它本来清净。由于众生一念不觉，攀援妄境，迷失本性，染着尘垢，遂致蒙蔽觉性，妄执分别，不见自性的本来面目，不能证得如来智慧德性。由此可知，众生与佛的不同，只在一心：心若背离觉性，迷失于尘垢之中，即是芸芸众生；心若背离尘垢，合于觉性，即是佛陀。六祖惠能一开始就说出了"菩提自性，本来清净，但用此心，直了成佛"这四句偈语，以此作为他说法的纲领。然后，就缓缓道来，不绝如缕。一讲就是一个时辰，在场僧众都听得如醉如痴。

有一天，韦琚刺史为惠能设大会斋（在大法会中，兼吃斋饭，称为大会斋），吃罢斋饭，刺史请惠能登上法座，然后和其他官僚及信众整肃仪容向惠能顶礼再拜，说："弟子听大和尚说法，感到实在微妙得不可思议。现在还有些疑问，希望您大发慈悲，特意为我们解说迷惑。"惠能说："有什么疑问就提吧，我给你们解说。"韦刺史说："大和尚所说，是不是达摩老祖的宗旨？"惠能大和尚说："是的。"韦刺史又说："弟子听说，菩提达摩老祖最初度化梁武帝时，武帝问达摩：'我一生中建造寺庙、敕度僧人、布施财物、广设斋会，有什么功德？'达摩老祖说：'实在没有什么功德。'弟子始终不明白这个典故中的道理，请你解说。"

惠能说："你不要怀疑达摩老祖的话，武帝确实没有什么功德。武帝心中对佛法没有正确的认识，不懂得真正的佛法。建寺度僧、布施设斋，这叫求福，不能把求福当作功德。功德存在于人的法身自性中，而不在求得福报的善事上。"惠能又说："能见自性就是功，懂得佛性人人平等就是德。念念之间没有阻碍，常见自己的真如本性，发挥自性的真实妙用，就是功德。内心谦虚就是功，行为守礼就是德。不离真如自性而建立万法是功，心体超离妄念就是德。念念不离自性是功，应用而不染着就是德。假如要寻求功德法身，按照这样的要求去做，就是真正的功德。如果是真修功德的人，心中就不会轻视他人，常能对一切众生尊敬博爱。心中常常轻慢他人，对自我的执着没有断除，就自然没有功；自己的心性虚妄不实，就自然没有德，这都是自视过高、轻慢一切的缘故。善知识，随顺法性念念不间断就是功，心念和行为平衡正直就是德；自己修证佛性就是功，自己修养法身就是德。善知识，功德一定要在自性里去求，而不是靠布施供养所能求到的。所以，福德与功德是不同的，是梁武帝不明白这个道理，而不是达摩祖师讲错了。"

在惠能看来，怀有世俗功利目的的"做好事"，并非佛门真正的功德。因为那种世俗的求福行为，是有相、有执、有攀援心的。梁武帝所做的善事，只能获得人道、天道的福报，不能达到脱离六道轮回，真正获得解脱自在的境界。解脱意义上的功德，是念念无住、心行平直、心性清净。也就是要彻底摆脱功利心、攀援心，实行无相布施设斋，造寺度僧。所以说，"功德须自性内见，不是布施供养之所求也"。

韦刺史又问道："弟子常看到一般的在家和出家人，持念阿弥陀佛（梵文音译，意译为无量光明寿命觉者。是净土宗的主要信仰对象，被称为"西方极乐世界"的教主，能接引念佛人往生"西方净土"，故又称"接引佛"）名号，希望往生西方极乐世界，请问大和尚，这样做能往生西方吗？请为我们解除疑惑。"

惠能大和尚说："好，我来给你们说说。释迦牟尼佛当年在舍卫城中说的西方极乐世界，目的在于引导教化众生。经文上说得很明白，西方极乐世界离这里不远。但如果论相状说，距离的里数可以形容为十万八千里。其实，这并不是真实的距离，而是象征众生的十恶八邪。因为心中有十恶八邪的障碍，所以说很遥远。说远，是为根性下劣的人而说；说近，则是为根性利好的上智人而说。"

惠能认为，人的根性虽然有利钝两种，但佛法并没有两样。因为众生有迷和悟的差别，所以，见性就有时间上迟和速的不同。"比如说，韦刺史你是东方人，只要能使心地清净，就是处在东方，也没有罪过；反过来说，虽然你是住在西方的人，但自心不能净化，那也是有罪过的。东方人造了罪，就想念佛求生西方，那西方人造了罪，又将念佛求生到哪一个国土上去呢？倘若心地不善，念佛求愿往生，难以到达。"

韦琚听了觉得非常有理，"佛法本无两样，人有迷悟不同"，"说远为其下根，说近为其上智"。或远或近，为说不同，只看或迷或悟的根性上下差别有多大而已。韦琚感叹道："感谢大和尚解说，弟子茅塞顿开。"惠能会心地点头微笑。

又有一天，在惠能讲经说法之时，韦琚向惠能请教。惠能对他说："大家都清净自心来念'摩诃般若波罗蜜多'，是离一切妄念之念，亦即无念之念。净心念，是为了要制心一处，使大家在听法时容易领悟。大家所念的'摩诃般若波罗蜜多'这一术语，亦正是清净自心的方便工具。"

什么是"摩诃般若波罗蜜多"呢？这是一句古印度语。"摩诃"是大，是说菩提心量大，好像太虚空一样，没有边际，也没有方圆大小，"般若"是先天智慧，合起来说就是先天大智慧，也就是无为心境下的佛性。"波罗蜜"是到彼岸的意思。文气一点的解释就是"大智慧度"的意思。如果要解释其意义，则为"离生灭"的境地。心着所缘之境，则生灭随之而起，如同水的起落，有波浪，这种有波浪的生灭境叫作此岸；心离所缘之境，则生灭便无由现起，如同水的平常流通，这无波浪的无生灭境，叫作彼岸。从"离境无生灭"意义上说，称为"波罗蜜多"。这些精深的佛法要义，经过惠能的通俗讲述，使韦刺史心里亮堂了许多，明白了其中的一些道理。但是，要达到这样的境界，必须要实际上从内心实行，而不能只停留在口头上的念说和理解。

## 卧轮斗法

在惠能传法的时代，有一个禅师叫卧轮，在当时小有名气。他的一首偈语传到了惠能弟子门下。一天，一个弟子正在朗诵卧轮禅师的偈语，被旁边路过的惠能听到，惠能马上停下脚步，对弟子说："你刚才说的那首偈语再朗诵一遍我听听？"弟子看到师傅驾到，又让自己朗诵卧轮禅师的偈语，就多少有些得意地大声诵读起来：

> 卧轮有伎俩，
>
> 能断百思想，
>
> 对境心不起，
>
> 菩提日日长。

惠能法师听后不断地摇头，随口诵出一首偈语来：

> 惠能无伎俩，
>
> 不断百思想，
>
> 对境心数起，
>
> 菩提作么长？

弟子听了惠能法师的这首偈语，意识到卧轮禅师的错误，羞愧地低下头。惠能法师语重心长地说："此人未见性也！"

后来，惠能法师对应卧轮禅师的这首偈语传到了卧轮禅师手中，他仔细品味，细加揣摩，方觉惠能法师比自己的修行不知高出多少倍的境界，顿生悔悟之心，渐趋大道修行。

其实，卧轮禅师的偈语，反映出他的修行已经进入了一个歧途，没有走向超脱六道轮回的大道，而且是一个注定不能获得什么成就的岔道。为什么呢？

首先说"卧轮有伎俩"这句话，充满了我执，带着功高我慢的一种心态来显示自己的本领。这和修行人的心态背道而驰。修行人需要放弃我执，乃至于达到无我的境界，而不是不断地强调自我的存在。同时，修行人自己有本领，有本事，也不能够随意显示，显示心是一种很强的执着心理，与修行解脱背道而驰，是需要去除的心态，而卧轮禅师的这一句话，体现出了他具有我执、功高我慢、显示心理三种不良的心态。惠能的一个对句与他正好是针锋相对："惠能无伎俩"，这个对句看似平凡，但的确衬托出了惠能已经完全脱离了我执、功高我慢、显示心理三种不良的心态。"能断百思想"和"有伎俩"相互映衬，表现出了卧轮禅师心有所住、执着于顽空的一种境界状态。断除了思想，实际上就是断除了识神，识神是真如佛性认识事物的工具和妙用，放弃这种工具，斩断这种妙用，进入一种顽空的状态，其实并没有能够真正证悟空性，而仅仅是执着于一种假象的空，执取于一境而不能自拔，这恰恰背离了修禅的大道，走入了禅修无法提高的死胡同。所以，惠能与其相对应的偈语则是"不断百思想"。真如佛性发起思想，思想作为真如佛性的妙用，是一种有用的工具。如果断了思想，不能够起用，那人就像一块石头，一块木头，去了作用和意义。

关键是要有思想，但不并不执着于思想，不着相，这才是佛法倡导境界的所在。

卧轮禅师的"对境心不起"表明其走入了修行的误区，即看到任何事物，接触的任何事物都不起心动念。人作为有灵性的生命，不仅仅有眼耳鼻舌身意六种感官，即所谓"六根"；而且有色声香味触法这六种感觉的境界，也称为"六境"或"六尘"；并在"六境"（六尘）的基础上生出眼识、耳识、鼻识、舌识、身识、意识，即所谓"六识"。无论是普通人，还是修行者，面对六境，通过眼耳鼻舌身意的作用，都会产生六识，不产生六识的人与木石无异。修行人的境界应该是产生六识，但不执着于六识。卧轮禅师的说法完全错误。因此，惠能法师与之对应的偈语是："对境心数起。"面对六尘的境界，自然会生起六识的认识、分别与判断，也包括相关的记忆。作为一个修行者或者是有境界的人，关键是不执着于这些认识、分别与判断。

卧轮禅师错得最离谱的一句话是"菩提日日长"。"菩提"即是佛性，也可以看作生命大彻大悟以后显现出来的智慧，或者称为般若，也可以称为真如、自性、觉识等等。这是生命与生俱来的部分，佛法当中又称为第九识"清净识"（庵摩罗）。"清净识"（觉识）的本来面目，不垢不净，不增不减，不生不灭，为圣不增，为凡不减。普通人的佛性为业力所层层包裹与掩盖，无法显现出来。只有诸佛才能够达到佛性自显这样的境界，它超越了六道，不在苦乐中轮回。释迦牟尼佛大彻大悟后自语道："一切众生皆俱如来智慧德相，因妄想执著而不能证得。众生只要回到清净识，即是大彻大悟的觉悟与成佛。"因此，惠能法师与之对应道："菩提作么长？"其含义就是，佛性怎么可能增长呢？与生俱来，不增不减的清净识怎么会增长呢？所以，由此惠能法师作出结论性的判断，卧轮禅师没有开悟，没有明心见性，也就是没有达到觉悟的境界。

# 第8章

# 圆　寂

　　唐睿宗延和元年（712）七月，惠能预感到自己将不久于人世，就开始安排后事。惠能六祖命弟子在新州国恩寺（唐朝中宗皇帝敕命在惠能六祖的新州老家的旧居地建立的一座寺院，赐名国恩寺）自己的老家速建一塔，该塔于次年夏末建成。一天，六祖召集法海等门徒至法堂，说："我于今年八月就要离开这个世间了，你们若还有什么疑问，趁早来问我，我为你们破除疑难，解答迷惑，令你等不迷。等我离开以后，就没有人再教你们了。"法海等弟子们听说师父要圆寂了，都哭出声来，只有弟子神会面无表情。

## 遗嘱

　　六祖说："神会虽然还是小师（受戒一年到十年叫小师、下座），却能得到离开分别善与不善的境界，保持其如如不动的平等心。毁誉不动，哀乐不生。你们却做不到，枉在山中修行。你们为何而伤心哭泣？为谁而忧伤？如果是担忧我、不知道我去什么地方，我当然知道自己的去处。假如我不知自己的去处，我也不会预先告诉你们。你们之所以悲哭，都是因为不知道我的去向。如果知道了我的去处，就不应该悲泣了。要知道法性圆寂，本来就没有生灭去来之相可说。你们先都坐下，我为你们说一首偈颂，叫作《真假动静偈》，和我的本意相同。依照它来修行，就不会失去顿悟教法的宗旨。"众弟子一起下跪，给惠能磕头行礼。然后，上座法海请求道："愿师父为我们说偈！"惠能应诺，接着惠能六祖口说偈语道：

> 一切无有真，不以见于真；
>
> 若见于真者，是见尽非真。
>
> 若能自有真，离假即心真；
>
> 自心不离假，无真何处真？
>
> 有情即解动，无情即不动；
>
> 若修不动行，同无情不动。
>
> 若觅真不动，动上有不动；
>
> 不动是不动，无情无佛种。
>
> 能善分别相，第一义不动；
>
> 但作如此见，即是真如用。
>
> 报诸学道人，努力须用意；
>
> 莫于大乘门，却执生死智。
>
> 若言下相应，即共论佛义；
>
> 若实不相应，合掌令欢喜。
>
> 此宗本无诤，诤即失道意；
>
> 执逆诤法门，自性入生死。

弟子们听到此偈后，都虔诚磕头顶礼。各自收摄心念，体会师父的本意，依法修行，互不争论。因为争论将会添加污垢，衍生烦恼，破坏心灵的宁静，干扰内心的安详。大家都知道六祖大和尚不久将要舍离人世，心情也多了一层凝重。

上座弟子法海觉得未来六祖法门的承传问题十分重要，关系到顿悟教法的兴衰大事，就再一次跪拜磕头，请求六祖就传人问题进行开示。法海问道："师父圆寂之后，衣法应当传付给谁呢？"

六祖说："从我在大梵寺说法时开始，你们已经将我说的法记录下来，并且，已经传抄流行。就命名为《法宝坛经》。你们守护此经，互相传授，以度一切众生。如果能依照此经去修行，这就是顿悟正法。你们的信根都已经纯熟，不再有怀疑，都能担当如来的家业，教化众生。我根据祖师菩提达摩当年所传授的偈颂之意，知道这衣钵已经不该传付了。"当年，达摩祖师的偈颂云："吾本来兹土，传法救迷情；一华（花）开五叶，结果自然成。"该偈颂意思是说，我来中土传播佛法，救度迷痴的有情众生；从惠能这一代开始，中土有情众生的信根已经自然成熟，禅宗将繁衍出五大宗派，自然而然地迎来一个禅宗勃兴的时代。众弟子于是领悟了六祖的开示。

## 叶落归根

六祖又说："各位善知识，你们个个要安定信念，去掉杂念，听我给你们说法。若要成就'一切种智（指无所不知的佛智）'，必须要明了通达'一相三昧'和'一行三昧'。假如能在一切方面都不留恋，不执着于一切事物和现象，在那些事物和现象上，就不会生起怨憎或喜爱，也没有执取和舍弃的心念，也不顾虑自身的利益成败等事，安闲平静，清虚淡泊，而归于自然无为，这就叫作'一相三昧'。假如能在一切方面，无论是行、住、坐、卧都怀着一颗纯正的直心，不必在道场中举动造作，就已经真实地成就了往生净土的层次，这就叫作'一行三昧'。如果能具备这两种三昧，就好像地下有了种子一样，慢慢长养而成熟果实。我现在所说的法，就像及时雨一样普润大地，你们的本有佛性，就像种子遇到及时雨的滋润而发芽生长。凡是秉承奉行我教法的人，一定会得到菩提正觉。奉持修行的人，一定会证得妙明圆满的道果。"

"你们再来听我给你们说一首偈颂：'心地含诸种，普雨悉皆萌；顿悟华情已，菩提果自成。'"该偈颂的大意是，心地含藏了一切的种子，遇到及时雨露，就会普润而发芽；顿悟以后就要开花，菩提妙果就得到了自然的成就。

惠能说完偈颂，又说："佛法没有二法。心也如此，没有二心，佛道本来清净，无相可执。你们切勿'看静'，切勿'空心'。自心本来清净，没有什么可以执取或舍弃。你们要自己努力，随缘度化众生。"这时，众弟子对惠能跪地行礼后，各自散去。

唐玄宗开元元年（713）七月初八，六祖忽然对众弟子说："我要回新州老家去了，你们赶快给我准备船只。"徒众坚决哀求挽留。六祖说："诸佛应现出世，尚且要示现涅槃，有来必有去，有生必有灭，这也是理所当然。我这肉身骸骨，也应该有所去处。"众弟子们明明知道师父所说，是指舍离人世，但谁都不愿意往最坏处去想，都还抱着最后一线希望，打哑谜般地向六祖问道："师父从这里前往国恩寺，大约要住多长时间能够回来？"弟子们都希望惠能还能够再回来，不希望六祖舍寿涅槃（梵语音译，意为灭度、寂灭、圆寂等，又作"涅盘"。是佛家修证的最高境界。是经过修道，能够彻底地断除烦恼，具备一切功德，超脱生死轮回，进入不生不灭的状态）。

六祖回答说："叶落归根，来时无口。"意思说，我要回到老家的地方去了，就像树叶从根部生长出来，又落回到根部一样；我来时没有说什么法，去时也没有说什么法，法相本来不增不减，法无定法，不可执着。我虽说法这么多年，其实，那并不是我的说法，而是佛性的自然流露，而佛性是自然的、天成的、一体的、统一的，并非是本人的创造。所以，法亦空相，实在等于未说一法，故说来时无口。这两句话含义至深。

六祖惠能为什么要回到新州老家去圆寂？回到他出生的地方？实际上，惠能要借机教导弟子后辈，要晓得根本，重视传统。

## 预言

又有弟子问："师父的正法眼藏传给谁了呢？"正法眼藏，指禅宗以心传心的心印禅法，禅宗法门的关键与核心。这样的根本大法传给哪位弟子了呢？有的人可能还有一些贪心未去，大概想得到六祖正法眼藏的禅法，却不知道六祖大和尚将法传给了谁，因此，提出这样的问题。六祖说："谁没有攀援心，他就能明白我的法；有道行的人，得我的法；没有染污杂念，没有内心执着的人，自然能通达我顿悟的教法。证得一相三昧、一行三昧的人，得到我的法。"

什么是六祖所传的法呢？就是六祖平时的教诲，就是六祖说的这些偈颂里的道理。如果你能依照这些道理去修行，就能得到法，就能获得正法眼藏。

又有弟子问："将来宗门是否会遭遇灾难和祸患呢？"

在六祖一生中，遇到众多磨难。不仅在继承衣钵以后、传法之前，长期遭人追杀，而且在正式传法以后，仍然有人遣使来暗杀、盗偷衣钵、放火想烧死六祖等事件发生。有人认为，《坛经》当中记载的这类恶性事件只有那么几桩。而实际上，决不只有记载的那一点点。这类的事情其实很多，但由于加害惠能的事最终都没有得手，所以，大部分都省略了，没有记载。因此，弟子们提到这样的问题比较自然。

六祖回答说："我圆寂之后，五年或六年，在此时有人来割取我的头颅。"六祖接着又开示了具体的情况是："头上养亲，口里须餐。遇满之难，杨柳为官。"接着，惠能又预言说："我离开后七十年，有两位菩萨从东方来。一个是出家的僧人，一个是在家的居士。他们二人同时传播和兴盛我的法门，建立我的顿悟禅法，建造寺院，广传后代顿悟法脉。"惠能预知的这两个预言最后都得到了验证。当时，惠能的弟子们只知道师父的预言错不了，但是，毕竟是没有发生的事情，因此，并不明白惠能的预言究竟是怎么回事。

## 自性真佛

唐玄宗开元元年（713）八月初三这一天，离上次惠能给弟子们开示仅二十多天，六祖在新州国恩寺吃完午斋后，对所有弟子们说："你们各位依次坐下，我现在要与你们告辞了。"上座弟子法海连忙跪下问六祖："师父！留什么教法，使后代迷人能够见到佛性呢？"

六祖说："你们用心听！后代的迷人，假使能够清楚地认识众生，就是佛性。假如不能够清楚地认识众生，那就算万劫觅佛也不可得。我现在教你们认识自己心中的众生，并见自己心中的佛性。要想求得见佛，只要认识众生，因为众生只是自己迷了自性之佛，而不是佛迷了众生。自己的心性如果开悟，众生就是佛。自己的心性如果迷失，佛也就是众生。如果心地阴险，弯曲不正，就等于佛在众生中；如果一念平等正直，就等于众生成了佛。我们自己心中本来就有佛，这自性佛才是真佛。假如自己没有佛性之心，又到何处能觅得真佛呢？你们自己的心性就是佛，不要再有所怀疑。心外并无一物能够建立，万事万物都是从我们自己的心性变生出来的。所以经中说：'心中念起，则种种法随之而生；心中念灭，则种种法随之而灭。'我现在留下一首偈颂与你们告别，此偈名称叫作《自性真佛偈》。后代的人如果了解此偈的旨意，自然能够见到自己的本心，使自己成就佛道。偈云：

> '真如自性是真佛，邪见三毒是魔王；
>
> 邪迷之时魔在舍，正见之时佛在堂。
>
> 性中邪见三毒生，即是魔王来住舍；
>
> 正见自除三毒心，魔变成佛真无假。
>
> 法身报身及化身，三身本来是一身；
>
> 若向性中能自见，即是成佛菩提因。
>
> 本从化身生净性，净性常在化身中；
>
> 性使化身行正道，当来圆满真无穷。
>
> 淫性本是净性因，除淫即是净性身；
>
> 性中各自离五欲，见性刹那即是真。
>
> 今生若遇顿教门，忽悟自性见世尊；

若欲修行觅作佛，不知何处拟求真。

若能心中自见真，有真即是成佛因；

不见自性外觅佛，起心总是大痴人。

顿教法门今已留，救度世人须自修；

报汝当来学道者，不作此见大悠悠。'"

六祖说完偈颂后，告诉诸位大众说："你们以后要好好地安住。我灭度后，不可和世人一样地悲伤哭泣。如受人吊祭慰问，披戴孝服，就不是我的弟子，也不是如来的正法。只要能认识自己的本心，见到自己的本性，无动无静，无生无灭，无去无来，无是无非，无住无往，就是我的弟子。恐怕你们迷住本心，不能够领会我的意思。现在，我再一次嘱咐你们，促使你们见到自性。我灭度后，要依照这个方法去修，就和我在世时一样。假如违背我的教法，纵然我在世，也没有益处。"

六祖又说谒："兀兀不修善，腾腾不造恶；寂寂断见闻，荡荡心无着。""兀兀"，就是如如不动、了了常明的样子；"腾腾"，就是逍遥自在、悠游自得的样子；"寂寂"，既安静，又安定的样子；"荡荡"是平坦宽广、没有边际的样子。概括来说，这首偈颂的要义就是：不用刻意于修善，也不要去造恶，心地清净断念，坦荡无执着。

说完此偈，六祖就结双跏趺坐（双盘），至三更时分，忽然对弟子说："我走了。"惠能说完，进入了涅槃状态。就这样，禅宗六祖惠能在新州国恩寺坐化，享年七十六岁。

六祖惠能以坐化的形式离开了人世。弟子们没有移动惠能端坐的身体，就让他保持那样的状态不动。一直过了三个多月，惠能的真身仍然栩栩如生，与他平时静坐入定时的状态一样，并且，没有丝毫腐坏的迹象。这在当时的社会上也是一个奇迹、奇闻。一时间，对惠能六祖肉身菩萨的说法传遍了整个韶州一带，家喻户晓。大家都想来亲眼看看六祖的肉身菩萨奇迹。但是，为了不打扰惠能六祖真身的安静，宝林寺的僧众们轮流十二个时辰值班，不允许任何人靠近真身所在的屋子。就这样，一晃三个多月过去了，总要给六祖惠能的真身找一个长久供养的地方。法海等六祖的十大弟子经过商议以后，决定在十一月十三日，作出最后决定。

十一月十三日这一天，新州三郡的各界知名人士、社会名流，包括州府、县衙的官员、绅士、信众等，都齐聚到了国恩寺，对六祖的真身舍利争着供养。在各方相持不下的情况下，以焚香祷告的方式作出决定。只见香烟升起以后，袅袅的青烟直奔曹溪宝林寺的方向。于是，众人不再争执，都认为六祖有灵，愿意回到他长年讲经说法、弘法利生的地方。

就这样，惠能的众弟子们将惠能六祖的真身移到了一个特制的神龛里，将六祖真身和衣钵等移送至曹溪的宝林寺。再由雕塑家、惠能的弟子方辩将惠能六祖的全身用香泥涂抹，准备送入专为供养六祖真身而修建的肉身塔内供养。忽然有人想起六祖关于将来有人要割其头颅的预言。因此，方辩等人就用麻布、铁叶、麻漆布等，将六祖的颈项层层围裹起来，再涂香泥，以防不测。实际上在方辩等人对惠能真身塑像的过程当中，还在肩背部和脊柱处各加了一根铁条，用来支撑真身。然后，在真身上缠缚麻布，再涂香泥，再涂漆。经过方辩的泥塑处理，六祖的真身就被泥塑裹藏到了里面，变成了泥塑真身像。在泥塑的外面，方辩又反复涂抹暗红色的油漆。方辩的泥塑造诣极高，再加上方辩在惠能身边多年，对惠能六祖的音容笑貌十分熟悉，因此，真身塑像惟妙惟肖，与六祖本人十分相像。

实际上，早在惠能在世的时候，方辩就曾经从西蜀（今四川）远道而来到宝林寺，拜谒六祖。惠能法师问之："汝攻何事业？"方辩答曰："善塑。"惠能法师即让他"试塑看"！方辩欣然允之，数日之后，方辩给惠能法师呈上来一尊七寸高的惠能塑像，在外人看来，该塑像惟妙惟肖。惠能仔细端看塑像，含笑评论道："汝只解塑性，不解佛性。"可见，尽管方辩的塑像艺术水平已经达到相当高超的境界，但是，在六祖惠能看来还欠一点火候。说明方辩尽管有高超的雕塑技法，在形态上塑造得形似，但在神态上，对于高僧的内涵和内在气质，还存在表现手段不足的问题。经过这一次的触动，方辩的修养和技艺水平大有提高。其所塑造的惠能真身塑像，基本上真实地再现了惠能作为一代高僧的真实样貌和神态。但是，由于历朝历代对惠能真身塑像都有修缮整理的过程，尤其是在惠能真身塑像上反复涂漆，我们今天所能够看到的惠能真身塑像，已经和方辩当年的塑像，多少产生了一定的差异。

第二年，即唐开元二年七月二十五日，六祖惠能的弟子、僧众及广州、韶州、新州的官员、百姓等众人，将惠能的泥塑真身迎出神龛，然后，将其安置于宝林寺的肉身塔内供养。连同达摩老祖所传的木棉袈裟、皇帝的诏书、御赐水晶钵等也都放入塔内，永镇宝林道场。根据《六祖坛经》等文献记载，六祖真身塑像入塔时，肉身塔内突然现出一道白光直冲云天，白光通天彻地，一直不散，人们叹为神奇。一直到三天以后，白光才消散。同时，两只白鹤也绕塔飞旋，三天以后方才离去。韶州刺史听说后，连忙派官员进行调查，验证了此事并非虚传以后，连忙赶写奏折，向唐玄宗报告此事。唐玄宗于是下敕令立碑，表记六祖的道行，以志纪念。

惠能六祖去世后，各种名位加身。除了唐玄宗皇帝钦命立碑纪念以外，以后，唐宪宗追谥为"大鉴禅师"。宋太宗又加谥为"大鉴真空禅师"，宋仁宗再追谥为"大鉴真空普觉禅师"，宋神宗再追谥为"大鉴真空普觉圆明禅师"。王维、柳宗元、刘禹锡等唐代文字的大家都先后为六祖惠能撰写过长篇碑文，以记述他的事迹。

## 预言应验

惠能预测后世的两件事也均应验。首先验证的就是割头的事件。早在开元年间（713~741），当时有一个名叫金大悲的新罗（今属韩国）僧人来到洪州（今南昌）求法，落脚于洪州的开元寺。金大悲对于惠能十分敬仰，且突发奇想，想将惠能真身的头颅带回新罗老家，像孝敬自己的父母一样，在自己家里供养起来。大约在开元八年（720），金大悲花了两万个铜钱，雇用一个名叫张净满的穷苦人赴曹溪宝林寺，欲偷取六祖惠能真身的头颅，准备迎请赴新罗供养。八月初三这天夜里，张净满偷偷潜入宝林寺供奉六祖惠能真身的肉身塔中。

这是一个漆黑的夜晚，除了天上的星光还略有一点熹微，全寺院已经全无灯火。只偶尔能听到一两声兽叫、蛙鸣。在黑暗中，张净满终于找到了六祖惠能的真身，他战战兢兢地一直摸索到了头部。啊？怎么还温乎乎的，好像身上还有体温！张净满的心头有些惊讶。这时，不知何处"当啷"一响，吓得他一下子跌倒在地。他全身止不住地直冒冷汗，心脏就好像要从嗓子眼中跳出来一样，身子想要移动，却如何也动弹不得，恐惧使他快要虚脱了。不知是做贼心虚，还是其他什么原因。张净满来到宝林寺以前并不知道惠能是何许人也，只听金大悲说过他是一个得道的高僧。但是，他并不了解得道的高僧是怎么回事。在头脑简单的他看来，不过就是一个死了的僧人，一个死人而已。

原来，张净满和金大悲的认识也十分偶然。传说张净满家在洪州，十分穷困。可是，这一年又赶上身体多病的父母在几天之内，先后故去，为了让父母能入土为安，他变卖了家里所有的家当，草草地埋葬了父母。自己却没有了任何生计，每天就穿着那身安葬父母时邻人施舍的一身白布孝服到垃圾堆和田边地头找有无可以充饥的东西。一天，他正在垃圾堆里捡东西，突然有人拍了拍他的肩膀。回头一看，原来是一个矮个子的僧人。他有些吃惊，心想，僧人找我干什么？就听那僧人说道："干吗捡这些破烂！我可以让你过上好日子啊。"原来，说话的这个僧人就是金大悲。这些天，金大悲一直在洪州的街头走街串巷，目的就是要实现他带走惠能头颅的计划。金大悲整天东逛西瞧，就是要找一个能盗取惠能头颅的适当人选。这一天，他看见了正在捡破烂、饥肠辘辘的张净满，觉得这是一个可以利用的人。金大悲首先从布袋里掏出了几个香喷喷的烧饼，塞到了张净满的手中，张净满起初还有些犹豫，他虽然穷得连饭都吃不上，却不愿意要人家施舍的东西。在金大悲的劝说下，他接过了烧饼，三下五除二，就把四个烧饼全都吃下肚。

这时，金大悲说："我可以给你两万个铜钱。""什么？两万个铜钱？"张净满简直不敢相信自己的耳朵，在当时，通用的铜钱是开元通宝，三五枚铜钱就能买下不小的一袋子米呀！

有两万个铜钱那不就是一个大财主了吗？张净满无论如何也想不到，天下会有这样的好事。他自然就问道："真的还是假的？你为什么要给我那么多钱？"于是，金大悲将自己的计划和盘托出。

张净满虽然很需要钱，但是，他自己也觉得这个新罗僧人让自己去割一个死人的脑袋不是什么好事，伤天害理又缺德！但是，穷困潦倒的他敌不过金大悲的诱惑。他终于答应了金大悲的要求，准备好了作案的工具，匆忙赶到韶州，来到了宝林寺外面。张净满悄悄观察了几天以后，方在八月初三的晚上下手。

这时，漆黑的肉身塔中，张净满有些犹豫了，心想，难道真有神灵？是神灵要降罪于我吧？……过了片刻，张净满有点缓过劲来，罪恶的念头再一次充塞了他的全部大脑，那两万个已经到手的铜钱无论如何不能够放弃！他站起身来，再一次靠近六祖惠能的真身，摸到了六祖脖子的部位，掏出了藏在怀里的尖刀，向六祖惠能真身的脖子割去。哪曾想到，他刚刚买来的锋利无比的尖刀却完全割不下去，心想，死人怎么还有这么硬的脖子？既然割不动，那就砍吧。他连砍两刀，也无济于事。只听这时下面有人高喊："什么人在上面？"接着，就是一阵急促前来的脚步声。张净满一听，慌作一团，他赶紧藏好尖刀，溜出肉身塔外。这时，只见几个人影奔过来，他吓得屁滚尿流，撒腿跑出宝林寺，就地躲藏起来。

原来，惠能的弟子们还记得六祖的预言，就在六祖圆寂以后的第五年八月初三的晚上，加强了对肉身塔的看护。但多少还是有很大的疏忽和漏洞，以至于竟没有人发现张净满一个人上了肉身塔。但在张净满割取六祖头颅的时候，因为久割不

108

下，弄出了声响。所以，值班的僧人就跑过来查看。这时，他们看到一个穿白色孝服的人影一闪即过，想追也没能追上，被贼人跑掉了。过后，他们打着灯笼到塔上查看，发现六祖真身的脖子上留下了割砍的痕迹。幸好没有伤及真身本身。功劳在于方辩等人塑像时为防止六祖预言中割头的情况出现，特意在六祖的颈项上加上了包裹的铁叶等，以致张净满割砍不动。

事情发生以后，宝林寺的僧人报告了州县官衙，请求侦破案件。六祖惠能肉身菩萨，连皇帝都十分敬重，却遇到有人要偷盗六祖头颅的事情，这可是大事，州县官员哪个敢怠慢？刺史、县令等官员调动了本地大量的人员严格稽查，只用了五天的工夫就捉拿到了张净满。惠能的这个"头上养亲，口里须餐。遇满之难，杨柳为官"的预言全部应验。

预言里的"头上养亲"这个"头"是指六祖的头，"上"是指金大悲对惠能很恭敬。"养亲"是指要像供养他自己的父母亲一样供养惠能。"口里须餐"，是指张净满为了口腹生活，为了吃饭，所以，接受金大悲的铜钱，要将圆寂的六祖的头给斩来。因为这个人的名叫张净满，所以又说"遇满之难"。遇满就是遇到张净满，只用他的一个字来表示。因为"满"来了，就要斩六祖的头，这也算是一场劫难。"杨柳为官"，说的是当时的韶州刺史叫柳无忝，县令叫杨侃，故说杨柳为官。

刺史柳无忝将盗贼张净满带到宝林寺审问，以向宝林寺有个正式的交代。张净满如实招供后，柳无忝刺史就问六祖的弟子今滔禅师："这件案子你看应如何办理？"今滔禅师回答说："这案子若按国法来办，一定要斩首，丝毫没有回旋的余地。但在佛教里，是冤亲平等，众生平等，我的意思还是将他放了吧，因为六祖事先已经有此预言，应该发生这件事。"柳无忝听后，十分感慨地说："我今天才知道佛门广大，佛法浩大、慈悲啊！"于是，当场将张净满释放。而金大悲则不知所终。

六祖还有一个预言就是："吾去七十年，有二菩萨从东方来。一出家，一在家。同时兴化，建立吾宗，缔缉伽蓝，昌隆法嗣。"惠能圆寂七十年后，这个预言也得到了验证。

两个菩萨从东方来，一个是出家的僧人，是指马祖道一禅师，一个是在家的居士，是指庞蕴居士。他们两个人大力弘扬惠能的顿悟禅法、广建寺院和禅宗道场。当时，江西地区的禅宗寺院，大部分都是马祖建造的，所谓"马祖造丛林，百丈立清规"。在家菩萨一般认为是庞蕴居士。他的全家人都修行禅宗开悟，且在同一时期修成正果，入涅槃往生。传说庞居士非常富有，家有万贯。他平时经常对穷苦人进行布施。后来，传说他将自己家中所有的金钱，都装到一艘大船上，将钱沉到海底，布施给了龙王。而他自己和全家则通过编竹笼维持生活。虽然生活清贫，却一心向道，修佛不辍。

也有人说，惠能的这个预言应在了黄檗禅师和裴休丞相身上，因为这两个人也都大力弘扬惠能的禅法，修造伽蓝庙宇，使佛法发扬光大。

## 后世

六祖圆寂于夏天，当时正值广东地区天气炎热、潮湿的季节，他的遗体未经过任何防腐处理，在约一千三百年的时间里没有任何腐烂，一直保留至今，不能不说是一个奇迹。但是，在这漫长的历史时期内，其间至少遭受过五次破坏。

第一次破坏，是我们上边所说的新罗和尚金大悲雇佣穷苦人张净满割取惠能真身的头颅，准备带回新罗供奉，被人发现而失败。这第一次的破坏对惠能的真身来说，没有什么实质性的损害，破坏的程度最轻。

第二次的破坏有所加重。

根据1978年当时南华禅寺七十七岁的老和尚福果口述，清朝咸丰年间（1851~1861），有乱兵流窜到庙里，曾经打开过六祖真身，后来经过寺僧修整，补好了打开的部分。

第三次破坏是1934年。

当时南华禅寺的住持是虚云老和尚，1934年当年，发现六祖真身的座位上长满了白蚂蚁，把座位和存放真身木龛的一部分都吃空了，不得不重新换个新的座位，龛上的一部分木头也重新更换。

第四次破坏是抗日战争期间。

第二次世界大战中，日本侵略中国的时期，日本军队进驻到南华禅寺（原宝林寺），他们不相信六祖惠能真身不腐的神奇，在一小队日本兵的保护下，一个日本军医将惠能的肉身舍利（遗体）从后背用手术刀剖开一处，发现的确是完好无损的肉体组织，并能够看见内部的骨骼。觉得佛法不可思议，佛法无边，这时才心生恐惧，不敢再亵渎惠能六祖这尊“神灵”。于是，将惠能六祖身体动刀之处迅速缝合，重新安置好，顶礼而退。

第五次破坏最为严重。

在“文化大革命”期间，一群受到洗脑和蛊惑的红卫兵冲进了南华禅寺，他们将绳套套在六祖惠能的脖颈上，将六祖惠能的真身塑像拉下了法座，挥动铁棒，向肉身舍利殴打，前后都打出了大洞，在塑像的脸上写下了"坏蛋"两个字，然后装上手推车，推到韶关游街示众。不仅如此，他们还拿棒子殴打六祖真身塑像，胸腹部都打出了大洞，将五脏六腑掏出来，丢在大佛殿。肋骨、脊梁骨丢满一地，说是猪骨头、狗骨头，是假的，里面还插上了铁条来骗人，并在六祖头上盖个铁钵。他们本来想一把火把惠能的真身烧掉。一个还俗的僧人制止了他们。他假装附和红卫兵说："烧掉就没证据了，还是留着让大家参观为好。身子里面还加了铁条，留下这样的证据，大家一看就知道是假的。"红卫兵们觉得这个还俗的僧人说的有道理，这才没有把惠能的真身烧掉。红卫兵们折腾了大半天，身疲体乏，最后丢下了惠能的真身扬长而去。当时南华禅寺的和尚，大部分都已经受到逼迫，被迫还俗。佛源老和尚等几个没有还俗的住寺僧人看到这种情况，欲哭无泪。他们窥探的红卫兵已经远去，马上把六祖惠能的真身舍利和散落一地的灵骨等收拾起来，放到一个瓦缸当中。不知道藏于何处是好？最后终于想到，藏到九龙井后山为好。于是，他们在极其秘密的情况下，抬着装有惠能真身的瓦缸，将其埋于九龙井后山的一棵大树下，并作好标记。但还是担心，山高林密之处，有一天会忘记埋藏的地方。有一天，恰好赶上香港的圣一法师来南华禅寺，因为他带了一架照相机，佛源老和尚就恳请他用照相机把埋藏六祖肉身舍利的地方照下来，以便等到太平盛世之时，重新发掘，使惠能真身重见天日。同时收取还有同样破坏严重的丹田祖师的灵骨。

佛源老和尚本来是南华禅寺的住持，1958 年被划归"右派"，蒙冤入狱，1961 年出狱后被限制行动。1979 年佛源老和尚的"右派"帽子得以摘除，随即奉调到北京中国佛学院主讲律学，有机会见到了中国佛教名誉会长赵朴初先生，告知以六祖真身之事。赵朴初一听，大为震惊，认为这是一件大事！马上写信给当时的广东省委第一书习仲勋，希望他派人到南华禅寺处理这个事件。习仲勋书记接到信件以后，马上派重要的官员到南华禅寺处理该事件。要求南华禅寺方面恢复对六祖惠能的供养。

当时是"文革"动乱以后，中国改革开放的初期，宗教政策尚未完全落实，"左倾"思想浸透到了各个领域，人们的思维习惯也没有改变，南华寺方面不同意恢复供奉六祖。广东省委第一书记习仲勋派来的官员向南华寺方面传达习仲勋的原话："同意要恢复，不同意也要恢复！"尚有"左倾"思想残余的南华寺方面只得服从命令。赵朴初随即派佛源从北京赶回南华禅寺，协助寻找惠能六祖真身。

真身找到以后，佛源老和尚等人大为震惊，惠能真身的肋骨已经霉变，腑脏已朽，只好烘干成末，与檀香末混合塑形，放置于六祖胸内。其余的灵骨用木炭火烘干抹净，用一整块檀香木将脊骨、肋骨一节节驳接在檀香木上，粘好之后，再如法放入真身内。外用绸布和漆封闭，并在檀香木上刻记，载明因果。在将六祖惠能祖师的真身修复完好以后，重新在南华禅寺六祖殿中供奉。

现在六祖肉身完好地安放在南华禅寺 [广东韶关的南华禅寺，俗称南华寺。始建于南北朝梁武帝天监元年（502）。天监三年，寺庙建成，梁武帝赐"宝林寺"名。在惠能时代还称为宝林寺。后又先后更名为"中兴寺""法泉寺"，至宋开宝元年

（968），宋太宗敕赐"南华禅寺"。该寺名一直沿用至今。] 的六祖殿中。惠能真身于 1981 年农历十月开座于修建焕然一新的六祖殿中，以供参拜。千百年来，南华禅寺因与六祖惠能的名字紧密地连在一起，而著称于世。

# 第 9 章

## 《坛经》

六祖惠能圆寂后，弟子法海将惠能平日的语录、说法整理成了《六祖法宝坛经》，或称《六祖坛经》《坛经》等，它是一部惠能生平的言行记录，是中国僧人言行录或著作中唯一一部被称为"经"的作品，成为禅宗的宗经。在佛教中有一个约定俗成的习惯，即只有佛祖释迦牟尼的言行记录被称为"经"。而一个宗派祖师的言行记录被称为"经"，惠能的《坛经》属于绝无仅有的一个。其他僧人的著作只能叫作"论"。可见《坛经》在中国和世界佛教史上的地位。

惠能及其《坛经》主张人人生来具有与佛一样的本性，只要能够自我体认自性就能达到解脱，所谓"识心见性，自成佛道"。《坛经》主要分为八个版本：一、祖本。法海整理的《坛经》，一般被称为祖本，或称为法海原本，由法海集记而成。成书时间当在惠能去世的唐先天二年（713）至神会在滑台与北宗僧人辩论禅门宗旨的开元二十年（732）左右，这是成书最早、最可靠的一个版本。二、敦煌原本。成书时间在惠能去世的唐先天二年至神会在滑台与北宗僧人辩论禅门宗旨的开元二十年左右，即开元二十一年（733）至贞元十七年（801）智炬（或作慧炬）编撰《宝林传》之前。按照中国社会科学院世界宗教研究所杨曾文的研究，敦煌《坛经》原本的传承世系是法海—道际—悟真。悟真生活的时间当是公元8世纪中期至末期，或许经他弟子之手又将《坛经》修补，成此敦煌原本。三、惠昕本。北宋干德五年（967）惠昕的改编本。四、契嵩本。成书于北宋仁宗至和年间（1054~1056）。前已有宋契嵩撰《六祖大师法宝坛经赞》。五、德异本。德异本刊印于元至元二十七年（1290）。朝鲜古代流通的《坛经》几乎全是德异本，也被称为"高丽传本"。六、宗宝本。成书于元至元二十八年。又称明南藏本。七、曹溪原本。明成化七年（1471）刻于曹溪，被称为"曹溪原本"。八、日本柳田圣山所编的影本印《六祖坛经诸本集成》。该本由东京中文出版会1976年7月出版，汇集各种版本《坛经》共十一种，是目前收录《坛经》最全的集成版本。包括：敦煌本、兴圣寺本、金山天宁寺本、大乘寺本、高丽传本、明版南藏本、明版正统本、清代真朴重梓本、曹溪原本、流布本、金陵刻经处本，另外还收有西夏文断片、金泽文库本断片。

## 什么是佛

惠能说法通俗易懂、直指人心。从见性的角度来促使信众修证禅定，明心见性，求得解脱。什么是佛？佛者，无上正等正觉也。就是断灭烦恼，自觉觉他，具足无上大智慧的人。众生本有佛性，自性就是佛性。佛性平等，众生自性平等。一切众生皆可成佛。惠能认为，人的后天智慧有高低，领悟有快慢，但先天自性本自清净，先天的般若智慧（般若智慧是先天既有，与生俱来的无上、无比、无等的最高智慧，它不同于后天的聪明或知识）完全相同。

包括人在内的生命为什么在后天产生了很大的差异？这只是由于后天的迷悟程度不同所致。被迷惑的人与其他生命受六尘（色、声、香、味、触、法）所染着，迷住了心窍，看不到自性，不能自悟，需要大智慧者的引导，用自己的般若之性，先天的自心智慧驱除后天的妄念，修真除妄，挣脱后天欲望的束缚，就可以自识本心，自见本性。自性迷惑就是众生，自性觉悟即是佛陀。前念迷惑即是凡夫，后念觉悟即是佛陀。

## 修行证佛

佛在哪里？《华严经》说："一切众生皆有如来智慧德相，但以妄想执着而不能证得。"这就告诉我们，每个人自己就是佛，因为妄想执着而迷失了佛的本性。但是，这种说法还比较笼统，一般人难以透彻理解。而惠能对众生本来皆有如来智慧德相给出了明确的指向。惠能认为，佛就在自己心中，心即是佛，即心即佛。心是地，性是王。王居心地上，性在王在，性去王无，佛向性中作，莫向身外求。

惠能把佛、佛性完全归结于自己的心性。一切般若智慧，都从自性中升华得来，非外力或旁人所能授予。要想自心能离迷得觉，要常用正法作为修证法门。佛者觉也，法者正也，僧者净也。惠能认为，皈依佛、皈依法、皈依僧，就是皈依觉、皈依正、皈依净。直心是净土，但行直心，无有执着。行于真正，真要一切真，不行小道；行正即是道，是直达彼岸的解脱大道。无论在何处，无论行、住、坐、卧都要让来自心底的真实去支配，放弃善恶观念，一切出自本心，不要心口不一。惠能认为，迷人口说，智者心行。若无世人，一切万法本自不有，故知万法本自人兴。

惠能认为，佛本为凡人说法，不为佛说。一切经书，因人而有，是为了使人开悟而讲。法好比渡河的筏子，若坐在河边整天看着筏子，不用它渡河，筏子又有何用？空心静坐，百无所思，即执着于空，实乃迷人，并不能够获得无上智慧，即后来所说的"坐枯禅"。如果执着于经书的教理，反而会增加认识上的障碍，即有"所知障"，不能做到即知即行。应用便知一切，用即了了分明。

惠能告诫大家，佛陀教诲的主旨是重在修证身心、行为的人生之道，在家也一样可以修行。诸恶莫作，众善奉行；心平何劳持戒，行直何用修禅？恩则孝养父母，义则上下相怜；让则尊卑和睦，忍则众恶无喧。改过必生智慧，成道非由施钱，菩提只向心觅，何劳向外求玄？

惠能把禅宗的精髓思想演化成令人易懂的开示，方便众生，冲破表现佛法语言文字的既成概念执障，直悟佛法真谛，打破了当时盛行的讲习经论，辨析名相，专精佛教学理，深奥而烦琐的学究风气。惠能倡导知心见性，顿悟成佛，将比较严重的探究佛学学理的倾向，转向真正带人修行。惠能对僧众的教诲和对佛法的引领，有如春风化雨，普润心田，流传开来，为广大僧众所信受，深受社会的好评和推崇。四方学者汇集曹溪，求惠能释疑开悟。不立文字、教外别传的禅宗心法，经过惠能的革新，逐渐成为全国公认、最具影响力的佛教宗派之一，标志着印度佛教中国化的完成。

# 立与破

惠能和《坛经》留给后世的核心思想有三个方面：一是自有佛性说；二是顿悟成佛说；三是破执着而解脱。佛性是佛教的专有名词，也可以称作觉性、如来性、真如本性等。是包括人在内的任何生命中都具有的最本质的东西，即儒家所说的本性，也是人能成佛的根本原因。惠能的思想和大乘佛教一脉相承。有人为了强调惠能的独创性，而将惠能的顿悟教法和传统佛教截然割裂开来，这是对惠能思想的片面理解。

惠能讲说佛法的核心在于对"自性"的充分重视和阐释。惠能认为："何期自性本自清净，何期自性本不生灭；何期自性本自具足；何期自性本无动摇；何期自性能生万法。"自性本来清净；自性从本以来就是不生不灭；自性本来自己具有；自性不增不减，不来不去；自性本来与天地同根，万物一体，一切都是自性所生，都是自性所现。四祖道信有句名言说："百千法门，同归方寸；河沙功德，总在心源。"惠能对自性的阐述和理解，继承了道信有关于心源的思想。

惠能认为，每个人都自具佛性，即自性。虽然"自性"的概念为惠能所独创，但在道理上，与大乘佛教的主张完全一致。惠能解说佛法的特点在于他比以往更加强调每个人在心中先天具有佛性——自性。认为自性本来就清净无染。所以说，每个人都可以成佛。但是，为什么大多数人都没能成佛呢？因为在大多数人心中，由外界污染所生的妄念覆盖了自己的真如本性——自性，使他们认识不到自己本有的自性。

在惠能开始弘传佛法的时代，佛教在中国已出现了教条化和经院化的倾向。一些人对佛教修行的清规戒律和长期的参禅打坐望而却步。而惠能的教法，在某种程度上近似于简化了中国传统佛教的程序，更有针对性、更明确地指向了和觉悟成佛直接相关的核心——自性。惠能将僧人必须严格遵守的"三皈五戒"中的"皈依佛、皈依法、皈依僧"中的"三皈"改成了直接指向自性的"三皈"，强调"皈依自性佛、皈依自性法、皈依自性僧"。将皈依明确地指向自性，目的是加快修行者明心见性的过程。这和传统中国佛教中的三皈依并不矛盾，只是强调的侧重点有所差异而已。

传统佛教三皈依中的"皈依佛"一般给人的印象是强调皈依外在的佛陀，即皈依释迦牟尼佛、皈依阿弥陀佛等。传统佛教的"皈依法"一般给人的印象是指皈依外在的佛法，即释迦牟尼佛留给后人指导修行、解悟生命和宇宙真相的言传身教。而惠能的"皈依法"，强调的是皈依自己本有的自性之法，也就是修行者自己觉悟了的佛性所认识的宇宙中固有的规律。这种规律具有"正"的特质，正而不邪。所以，惠能的"皈依法"，就是皈依"正"，这和传统佛教的"皈依法"并无矛盾，而且，是完全一致的。只是强调的侧重点有所不同，属于方法上的差异，而不是本质上的差异。

传统佛教的"皈依僧"一般给人的印象是指皈依外在的、在寺院中继承佛陀教法修行的僧人；而惠能的"皈依僧"，强调的是皈依于自己的内心之僧。僧人代表着对佛陀教法的世代修行和延续，而且，僧人的修行必须是清净、无染的修行，这样，才能证得菩提之道果。而惠能强调皈依于自己的内心之僧，本质上仍然是强调皈依于自性。因为自性的特点之一就是清净无染，而清净无染恰好是"僧"的特性。传统佛教"僧"

的代表可以有多种，第一种是觉悟了的僧，即观世音、大势至等菩萨，作为清净修为，圣者的化身；第二种是佛陀流传下来，世代延续修行的僧团；第三种是最普通的某一个出家的僧人个体。跟随某一个僧人的皈依，绝不是皈依这个僧人个人，而是皈依他所代表的僧团。所以，第三种和第二种在本质上是完全相同的。因此，惠能的皈依僧，就是皈依于内心自性的"净"。这和传统佛教的"皈依僧"并无矛盾，而且，完全一致，本质上都是强调"净"。只不过传统佛教强调僧人的延续和修行来代表"净"，辅助信众走上清净修为的佛法之路。这是强调的侧重点有所不同，属于方法上的差异，而不是本质上的差异。

惠能的"皈依僧"，包括出家为僧的修行和在家居士的修行。强调只要献身于修行成道的事业，剩下的一个关键就是"悟"了，只要真正悟道，就可以是得道的法师，乃至菩萨、佛陀。用我们今天的观念来看，惠能的这种教法，使当时严格、严密的大乘佛教在普度众生方面，更加方便、活泼、自由化。禅宗因此也成为大乘佛教中严密、深刻，并且更加单纯、简便易行的一个派别。惠能这一天才而大胆的教法创新，促使佛教修行由一种平常人可望而不可即的象牙之塔，而走下神坛，加快了佛教在中国普及化的进程，达到了"旧时王谢堂前燕，飞入寻常百姓家"的客观效果。

惠能的这种说法目的在于让人们修自身、修自心，而不向外去求。但惠能倡导的顿悟教法，也并不是没有条件的，惠能为实现顿悟解脱的目标开出了一系列条件的处方：劝人"自净其心""常行十善"，除"十恶""八邪""三毒"。从顿悟需要条件和修行基础的角度讲，惠能六祖的顿悟教法，就像有人评论的那样，实为水滴石穿之最后一滴，绳锯木断之最后一锯。顿悟、渐悟，本来不是两个对立面。没有渐悟的基础，无法获得顿悟；不承认渐悟的顿悟，难于实现。反过来说，没有顿悟的结果，渐悟就远离了证果之道；不承认顿悟的渐悟，难于获得真正的觉悟。因此，惠能本人也否定顿悟和渐悟的对立，惠能说："法本一宗，人有南北；法即一种，见有迟速。何名顿渐？法无顿渐；人有利钝，故名顿渐。"

顿悟成了六祖惠能教法的核心。而顿悟的途径在于刹那间的一念，一念识心见性，即可顿悟成佛。惠能说："迷闻经累劫，悟则刹那间。""前念迷即凡，后念悟即佛。"又说："一念愚即般若绝，一念智即般若生。"成佛在于一念，在于刹那顿悟。既然如此，那么，传统佛教所主张的诵经、念佛、坐禅等一系列修行的功夫，作为基础固然重要，但毕竟不是刹那间一念的质的飞跃。但是，惠能也并未轻视这种基础的重要性。正如前面所提到的，在强调顿悟的同时，惠能六祖并没有忽视顿悟的条件和基础。在惠能看来，担水砍柴都是妙道。顿悟并不要求离开现实生活，现实生活同样是修心、悟道的基础。正如唐朝大诗人王维在《六祖惠能禅师碑铭》中所说的那样："举足下足，常在道场；是心是情，同归性海。"但是，这些条件和基础却往往受到后人的忽略。

惠能禅宗思想的另一个核心是破执着而解脱。在惠能以前，禅师们普遍认为，若要成佛，必须要经过长期的坐禅修习。这实际上是印度佛教修行中传统主张中的一种，与小乘佛教的实修有密切关系。达摩所传禅法还有妄想可除，而惠能的禅法已经达到了无妄想可除的境地。这样论说，似乎还有二元对立的嫌疑，或者可以说，达摩和惠能强调的侧重点有所不同，而并不存在根本的差别和对立。所以，惠能说："我此法门，从上已来，顿渐皆立无念为宗，无相为体，无住为本。"惠能认为，凡夫所以不能成佛，主要是因为对于各种事物心有贪染、执着，从而不能自见本性。要由凡夫成佛，首先要破除妄执，无心于万物，心无所住。一切修行，任运自在，这样才能与真如、实相相应，才能解脱生死烦恼，而不在于是否长期坐禅。

如果长期坐禅，很容易导致和坐姿有关的疾病。《坛经》中说："悟此法者，即是无念，无忆，无著。莫起杂妄，即自是真如性。""无忆、无念、莫妄"三句是净众禅法的心要。达摩祖师所传，此三句语是总持门。念不起是戒门，念不起是定门，念不起是慧门；无念即戒定慧具足。过去、未来、现在恒沙诸佛，皆从此门入。若更有别门，无有是处。"念"，就是指人的意念，内心的一种意识活动，妄想、分别的活动，或称第六意识。它和人能否获得解脱有直接的关系。

## 教学方法

当代高僧净空法师认为，佛教不是宗教，而是佛陀的人生教育。从惠能的言行和说法来看，惠能也是在进行一种教育，同时，也留下了一种教育的方法。

惠能教导弟子，讲法应先举"三科法门"，动用"三十六相对法"，出没于相对的两边，而同时离却对立的两边，连中道也不要执着，切不可背离自己的本性而说法。如果有人向你问法，你应用对立的一面来破除他的执着，对立面彼来此去相互为因，最后两边的对立都除去，那么，就没有什么可执着之处了。这些是惠能概括、总结佛法的理论和教化人的方法，作为本宗门提纲挈领的原则和方法，指导十位大弟子，让他们掌握本宗门的纲领。在此以后，惠能将这些纲领和教法一层层展开。

惠能认为，相互对立的诸法，是外境。在无情世间方面有"五对法"：天与地，日与月，明与暗，阴与阳，水与火。在法相和语言方面有十二对：语与法，有与无，有色与无色，有相与无相，有漏与无漏，色与空，动与静，清与浊，凡与圣，僧与俗，老与少，大与小。在自性起作用方面有十九对：长与短，邪与正，痴与慧，愚与智，乱与定，慈与毒，守戒与不守戒，直与曲，实与虚，危险与平安，烦恼与菩提，常与无常，悲和害，喜与嗔，布施与悭贪，进与退，生与灭，法身与色身，化身与报身。以上三十六对破法，如果能解、能用，就能贯通一切经法。

惠能的教学方法生动有趣，以对立面来破除人们的边见执着，促使学者回归中道，而又不执着于中道。惠能这里的"出没即离两边""出语尽双""来去相因"是见道后本体的自发作用。它对人对事，自然而然地处于"两边三际断"的作用中。这是已经破迷的佛性使然。惠能教授弟子，学者执着于东，给他说西；学者执着于有，就给他说空；学者执着于秽，就给他说净；学者执着于过去，就给他说现在；学者执着于无常，就给他说常；学者执着于烦恼，就给他说菩提。反过来也一样，总要使人回头，要使人从所执迷的境中解脱出来。这样，"二道相因，生中道义"，学者才可能开悟，也就可能见性、悟道。

惠能讲解佛性、顿悟成佛和破执解脱的思想相对传统佛教

124

而言，简洁明了。加上自身的独创，无论是从学说思想，还是从修习方法上来讲，对从印度传来的早期达摩时代的佛教来说，都有了一定的创新和发展，而且具有了中国的本土特性。惠能的禅宗融合了印度佛教文化与中国传统文化，是一个把中西佛教思想融会贯通的思想家、佛教的实践者。以自性和顿悟心法为核心的禅宗，在中土弘扬、发展成为中国本土一个比较兴盛、庞大的佛教宗派，甚至，在一些时代成为中国佛教的最大一派，具有比较顽强的生命力，对世俗社会的文化发展也产生了强大冲击和积极影响。

# 第 10 章

# 支　脉

由于禅宗五祖弘忍大和尚的遗教，不让惠能再向下传授衣钵，因此，惠能果断大胆地废除了一脉单传的正宗法嗣的传嗣传统。因为弘忍和惠能都认为，选择接班人并传授衣钵是一件危险的事情，容易再次出现徒众无休无止争夺衣钵的不良事件。为了防止这种情况的发生，惠能不再传续衣钵。惠能圆寂前对弟子们嘱咐道："衣钵不再后传，所讲之法，已抄录流行，可命名为《法宝坛经》。你们信根坚固，堪任大事，要善自护持，递相传授，普度众生。"惠能又说达摩偈曰："吾本来兹土，传法救迷情；一华开五叶，结果自然成。"一华（花）开五叶，即指从达摩初祖，到惠能六祖的一传法嗣，后来演变成了五个宗派。

惠能成就较大的弟子有五位：荷泽神会、青原行思、南岳怀让、南阳慧忠和永嘉玄觉。惠能的弟子大多歇迹山林，诚修禅寂，在各地传法，极少入世而显达。由此产生了后代禅宗门风在各地不尽相同，故常冠以山名、地名或寺名来表示他们门派法系的不同。惠能的一些弟子，后来成为禅宗重要派别的分立人或创始人。

惠能弟子众多，其中著名者四十三人。在惠能最著名的五个直系亲授弟子中，门派最繁盛的当数行思和怀让两系。以后，又由这两大系分成五宗两派或五宗七派。从青原行思分化出了江西曹洞宗、广东云门宗和南京法眼宗；从南岳怀让一系分出湖南沩仰宗、河北临济宗。即所谓"一枝五叶"或"一花五叶"。

晚唐以后，随着时代的变迁，禅宗的禅风也几经改易。晚唐五代，禅师启人开悟，往往强调"机锋"和"棒喝"，用话语刺激，或当头棒打激发人的思维与解悟，人们通常所说的"当头棒喝"就源于此。宋代，又从临济宗衍生出黄龙、杨岐两派。北宋时期，儒士、僧人向禅者较多，喜用语录的形式讲述开悟之道，"语录""灯录"（灯，是佛家用来类比般若智慧的常用比喻。因此，记录历代禅宗法师、老和尚开示、法语和行状的那类记录，就统称为"灯录"，寓意是一代代智慧的记载。著名的有《景德传灯录》《五灯会元》等）大批问世，使不立文字的禅宗变成"不离文字"。同时，禅师们又喜欢研究各种"公案"（著名禅师的教学言行记录）来指导修行，促使修行者开悟。到了南宋，宗杲等禅师又以"参话头"的方式，导入禅机，辅助人开悟。元、明两朝，以临济宗流传最广，曹洞宗仍具相当势力，当时有"临天下，曹一角"的说法。元、明、清三代，禅宗的影响仍然比较大，但基本上处于传承和延续的状态，没有再获得大的突破，也没有了惠能圆寂以后至宋代那种简洁的风格和鲜活的生命力。清初，顺治、康熙好佛，雍正好参禅，禅宗又得到一定发展。临济宗势力影响最大，有天童、磐山两系；曹洞宗有寿昌、云门两系。

清末民初以后，由于社会发生剧烈的变革，加上西方发达国家经济和军事实力的强大，西学和西方的宗教逐渐传入中国，一部分社会知识阶层的精英分子和普通社会民众，开始怀疑并反省包括佛教在内的中国传统文化。将中国的落后和遭受西方列强的欺辱，被动挨打，看作中国传统文化使然。而没有看到包括儒、道、佛在内的传统文化对中国和世界历史发展进程中的伟大贡献，尤其是忽略了这些传统文化对于维系个人与社会的整体道德水平，在两三千年时间内绝大多数情况下的积极作用；也忽视了对长期保持中国社会的秩序与和谐发展所作出的重要贡献。而其中，佛教作为一种外来的思想文化，已经在经年累月的历史长河中，与中国本土古老的优秀传统和文化紧密结合，对于社会人心的持续向善，对于社会的整体安定，发挥了不可磨灭的作用。

佛教的慈悲、智慧、平等、无常、无我、修善、行善、利他、自省等思想，注重内心与行为相结合的人生之道，在中华传统文化思想中具有独树一帜的地位。佛教的建筑，佛教的艺术，佛教的慈善活动，佛教对生命的关怀，佛教修行与自然、社会环境的和谐相处、努力奉献的做法，都已经成为中华民族传统文化宝库中的一部分。

在惠能所传的法脉中，有五大亲传直系弟子十分著名，包括荷泽神会、青原行思、南岳怀让、南阳慧忠、永嘉玄觉等。

## 荷泽神会

荷泽神会（670~758），是禅宗六祖惠能晚期弟子，荷泽宗的创始者。神会俗姓高，湖北襄阳人。童年从师学五经，继而研究老、庄，都很有造诣。后来读《后汉书》知道有佛教，由此倾心于佛法，遂至本府国昌寺从颢元出家。他在荆州玉泉寺从神秀学习禅法。久视元年（700）神秀因则天武后召他入宫说法，劝弟子们到广东韶州从惠能学习。神会去曹溪参拜惠能，很受惠能器重。惠能圆寂后，神会曾住洛阳荷泽寺。因此，人称荷泽神会。他的教法被称为荷泽宗。著有《显宗记》《荷泽神会语录》等，死后谥真宗禅师。

当神会从荆州玉泉寺刚到曹溪参拜惠能时，惠能问道："你千里迢迢来到这里，是否带来你最根本的东西？如果你带来了，那么你应该知道它的主体是什么。你说说看。"神会答道："这东西就是无主，见就是主。"惠能说道："你这小和尚，词锋倒也敏利。"神会问道："师父坐禅时，是见还是不见？"惠能打了他三杖，问道："我打你是痛，还是不痛？"神会答道："我感觉也痛，也不痛。"惠能也说道："那我是也见，也不见。"神会又问道："什么是也见，也不见？"惠能说道："我见，是因常见己之过错；不见，是因我未见他人之是非善恶。至于你不痛，那么你便像木石一样无知觉；如果是痛，那么就像俗人一样会有怨愤之心。见和不见，都是两边的执着，痛和不痛都是生灭的现象啊！你还没有见到自性。"

神会一听，大为惭愧，立刻向惠能行礼。惠能谆谆地开导他说："你如果心迷不见，就请教大德高僧。你如果心悟见性，就依法修行。你执迷不悟，却来问我见与不见，我悟不能代替你悟；你悟也不能代替我悟。为什么不自证自见，反问我见与不见。"神会为师父的洞彻力所折服，也为自己远未领悟佛法真谛而羞愧。神会因此再次给惠能行礼，跪在地上一气磕了上百个头，求师父饶恕。从此，神会成为惠能最虔诚的弟子。

中宗神龙二年（706），北宗神秀大和尚辞世，门下弟子普寂称禅宗七世祖。神会在六祖惠能去世后，到洛阳弘扬惠能六祖的顿悟禅法，确立了六祖在中国禅宗史上的地位，并著有《显宗记》盛行于世。唐玄宗开元二十年（732）正月十五日，神会在河南滑台（今河南滑县）大云寺设无遮大会（佛教举行的一种广结善缘，不分贵贱、僧俗、智愚、善恶都一律平等对待，行财布施和法布施的法会，也是施舍食物的大斋会。会上既宣讲佛法，又供养食物。中国无遮大会始于大通元年〔529〕，梁武帝于重云殿为百姓设救苦斋，亲升法座为众开《涅槃经》题，设立了供养道俗的大斋，人数达五万人），和当时北宗著名僧人崇远展开大辩论。神会否定禅宗北派远自达摩传密印于慧可，慧可传于僧璨，而僧璨传于道信，道信传于弘忍，弘忍传于神秀，神秀传于普寂法统说法。认为这个法统是伪造的，神秀本人并没有认为自己是禅宗六祖，而认为弘忍传法袈裟给了惠能。神会并提出一个修正的传法系统：达摩传密印于慧可，慧可传于僧璨，而僧璨传于道信，道信传于弘忍，弘忍传于惠能，六代相承，连绵不绝。当时大云寺崇远质问神会说："普寂禅师是全国知名的人物，你这样非难他，不怕生命的危险吗？"神会从容地说："我是为了辨别是非，决定宗旨，为了弘扬大乘，建立正法，哪里能顾惜身命？"

神会公开批评神秀禅法，指出神秀"师承是旁，法门是渐"，只有惠能禅法才是达摩以来的正宗。神会的坚定态度和言论，惊动了当时参加大会的人。神会对惠能和神秀的禅法都有比较全面的了解，掌握了两者的不同特点，因而有条件对北宗的缺陷提出批评，论证法统，一举击败神秀的弟子，为澄清禅宗法统取得了决定性的胜利。神会弘扬南宗顿悟法门，昭示惠能六祖的禅宗正统地位，使南宗顿教盛行天下。这以后，南宗的顿悟法门逐渐普遍为人们所认识和接受；而神秀的北宗渐悟法门日益遭受冷落，惠能顿悟派取得了独占法统的地位。

神会的禅法被称为"无念禅"，他教导徒众们说："不作意即是无念"，又说："法无去来，前后际断，故知无念为最上乘。"不过，神会最重视的是知见解脱，主张定、慧同等。神会的荷泽宗到唐末衰竭，不再有传灯续法之人，荷泽宗总共持续了一百五十年。

## 青原行思

青原行思（671/673~740），行思俗姓刘，江西庐陵（吉州）安城人。行思幼敏悟，孝父母，具佛根，不食荤腥。十一岁出家，二十四岁慕名前往岭南曹溪拜六祖惠能为师。在青原行思初见六祖惠能时，向六祖请教禅机，问惠能："请问师父，人应当怎样修行才能不涉入相对的层次，不着相呢？"六祖反问行思："你以前都做过什么功夫？"青原行思回答说："我连圣谛都没有修过。"六祖接着问："那你现在的功夫到哪个层次了？"行思回答说："实话对师父说，我连圣谛都没有修过，还有什么层次可言。"六祖惠能听罢暗自高兴，知道行思是一位对禅法领悟有着高深境界的后人，因此特别器重。行思是宝林寺的上座禅师，亲近惠能十五年。

行思禅师遵奉惠能"分化一方，无令断绝"的训诫，前往江西青原山的净居寺大振禅风。当时是唐玄宗开元元年（713）的一天，时年七十六岁的六祖惠能，预感人寿将终，修行圆满，随即召上座弟子青原行思来到座前，对行思说："从我以上的先师们都是衣钵和法同时相传，以衣钵代表信物，以法印心。我现在已经有了你们这些出色的传法弟子，何愁禅法不能让世人相信。我自接受了先师弘忍的衣钵以来，遭遇多难，历尽坎坷，不得不隐姓埋名十五年。何况如今后代弟子人才辈出，如传衣钵，竞争必多，必起事端，因此，这衣钵就不再下传了，留下来以后镇我山门吧。如今师父我以法印心，你当分化一方，担负起弘法使命，莫使法脉断绝。"行思得到师父惠能的印证之后，遂回吉州青原山弘法度人。那一年，行思四十一岁，出家已经三十年。

青原山，以其山清、水清、气清而得名。汉代张道陵（张天师）把它封为天下三百六十五座名山之一。行思见此地山环水绕，乃为佛家修行佳境，默默祷告他日修行圆满，将把青原山辟为佛门圣地。行思随手拔下一株小荆条倒插在今净居寺大殿之右，心中默吟："此地若为灵地，树当活。"后来果然应验，这棵倒插荆条竟奇迹般地成长起来，以后成了一棵千年树龄的大树。这棵树一直活到"文革"时期，树干直径达六十厘米，在"文革"中被毁。

行思得法后，在吉州青原山净居寺任住持，世称青原行思。四方禅客云集，徒众甚多，成就很大，与南岳怀让并称为禅宗两大支系。青原行思六十八岁圆寂。圆寂后，唐玄宗谥弘济禅师，于青原山后赐建"弘济禅师归真之塔"，历代信徒顶礼膜拜。行思将法嗣传于石头希迁禅师，石头之后数代弟子广弘禅法，创立了曹洞宗、云门宗和法眼宗三大法系。他继承了六祖惠能的"顿悟"禅法，并将其发扬光大。

行思认为，客观世界及其变化都是"心"的幻觉，由

"心"所决定，就是六祖在《坛经》中所说的"心生则种种法生，心灭则种种法灭"。心就是佛，而佛性是人皆有之的本性。他教导信徒们发扬自身的佛性，不要"心"外求佛，力倡禅宗"本性是佛"的观点，比佛教原有的修行方法、学说主张都更为直截便当，简易而有力。行思对参禅很有体悟，他的禅法分三个阶段：参禅之初，看山是山，看水是水；参禅有悟时，看山不是山，看水不是水；禅中彻悟时，看山还是山，看水还是水。

## 南岳怀让

南岳怀让（677～744），生于唐仪凤二年（677）四月初八日，怀让俗姓杜，陕西金州（今安康）人。"家有三子，惟师最小，年始三岁，炳然殊异，性惟恩让，父乃安名怀让。"他在十岁的时候就雅好读书，名闻遐迩，被誉为"国之法器"。唐高宗李治听说后，特敕金州刺史韩偕前往慰问。当时有个叫元静三藏的僧人，对他的父母说："此子若出家，必获上乘。"武则天垂拱二年（686），刚满十五岁的怀让，辞别父母，离开金州到荆州玉泉寺，依宏景律师出家。先学律宗，后到嵩山拜慧安为师，慧安介绍他到曹溪去见惠能，不久到曹溪求法。怀让刚到时，惠能问："你从哪里来？"怀让答："我从嵩山来。"惠能问："来的是什么东西？怎么来的？"怀让答："说他是东西就不对了。"惠能问："是否还须要加以修证呢？"怀让答："我不敢说不可以修证，但可以说决不会污染。"惠能问："你的看法正好和我的相同，这个不会污染的，乃是佛菩萨要我们留心维护的。"

怀让在惠能处十五载，成了六祖的高徒。惠能赞扬怀让说："汝足下生一马驹，踏杀天下人。"惠能圆寂后，怀让于唐玄宗先天二年（713）往南岳衡山般若寺（今福严寺）观音台讲法，弘扬惠能学说，开创南岳一系，世称"南岳怀让"。怀让一生忠实地继承了惠能教法，极力提倡"心性本净，佛性本有"，"觉悟不假外求"，强调"以无念为宗"和"即心是佛"。怀让传播南宗的宗旨，不外乎"净心自悟"的主旨。净心，即心绝妄念，不染尘劳；自悟，即一切皆空，无有烦恼。能净，能悟，顿时成佛，修行方法简便。

当时，寺院里有位名叫马道一的和尚，修习北宗的"渐悟法门"，每天独坐在岩上禅定，很少与人交往。怀让了解这一情况后，一天他拿着一块事先准备好的石砖在离道一禅定不远的地方磨了起来。道一好奇地问怀让："磨石砖干什么?"怀让答道："把它磨成镜子。"道一反问："砖怎么能磨成镜子?"怀让于是说："既然石砖不能磨成镜子，那么，坐禅又怎么能够成佛!"道一心有所动，请教如何才能成佛? 怀让作偈道："心地含佛种，遇泽悉皆萌，三昧华无相，何怀复何成。"道一听了，豁然领会禅机，大为敬服。怀让便指心发问："如牛驾车，车若不行，打车即是? 打牛即是?"道一无言以对，怀让见机开导说："禅是坐不出来的，佛也是坐不出来的。"道一大为信服，立刻拜怀让为师，以后专修"我心即佛""见性成佛"的"顿悟法门"。这个公案说明，怀让的教法生动活泼。道一后在江西开堂说法，弘传南宗教义，成为一方宗主。后人把怀让磨砖的地方称为"磨镜台"。

怀让弟子很多，受到怀让印可（同意）的六人，最有成就的当推马祖道一。马祖道一大弘其教，成就巨大。后嗣创立了沩仰宗、临济宗，其禅法传至日本等地。唐天宝三年（740）八月十一日，怀让禅师圆寂，修塔葬于南岳。怀让圆寂后，唐敬宗李湛赠谥大慧禅师，名儒张正甫为制碑文，后吏部侍郎归登复为撰碑。

怀让的嗣法弟子马道一（709~788），俗姓马，传播佛法成名以后被人尊奉为马祖，因此，又被称为马祖道一。马道一是四川什邡县人，从小家境贫寒，卖簸箕为生。其家乡至今有簸箕街。马道一作为南宗怀让的传法弟子，曾回到什邡，在县城北郊的罗汉寺筑台为众说法，弘扬禅宗教义。后在唐大历四年（769）开道场于钟陵（今南昌）开元寺。

道一宣说："佛不远人，即心而证，法无所摄，触景皆如。"越州（今浙江绍兴）大殊慧海禅师初到江西参谒马道一，求问佛法。道一答说："今问我者，是汝宝藏一切具足，更无欠少，使用自在，何假向外求？"这就是说，佛法天生在人心中，不必向心外去追求它。他主张，"直指人心，见性成佛"，"起心动念，弹指动目，所作所为，皆是佛性全体之用，更无别用"。

一天，道一升堂说："你们要自信自心是佛，此心即是佛心。达摩老祖不远万里从南天竺来中国，传最上乘的明心之法，以法衣表信，内以《楞伽经》印心。为什么要以'楞伽'印心？这是怕你们这些人颠倒，不能自知此心即是佛，不明此心各自都有。'楞伽'大经，千言万语，说个什么呢？佛语心为宗，无门为法门。求法的人应无所求。心外无佛，佛外无心。达摩老祖目的就是要你们开悟。所谓的善并不足以追取，所谓的恶也不足以舍弃，这都是偏执的一边之见。无善无恶，不思善也不思恶就是净秽双遣，真俗不二。欲界、色界、无色界本不实存，全由心生，心是万物的根本。森森万象，品物流杂，都是一法所派出。凡是所见的现象，都是心，见象就是见心。心不是空洞的，它因现象而展现。你们说法论道，只须随事而变，事也好，理也罢，都要无所挂碍，无所黏滞。修证菩提道果，也是如此。心所生的，就是色，色就是空。知色是空，生即不生。若了此意，方可谓之随时流转。穿衣吃饭，都是养育圣胎。任运随时，此外还有什么事?"道一又随口念了首偈语："心地随时说，菩提亦只宁。事理俱无碍，当生即不生。"

马道一阐扬"顿悟"说，使禅宗的宗风提振，因主要是在南昌设场宣传，故被称为洪州宗。马道一弟子众多，声势浩大。皈依在门下的弟子达千人以上，其中得到他印可的就有一百三十九人。这些人大都做了各大寺庙宗师。因此，他被弟子们尊奉为祖，故被称为马祖，又被称为马祖道一。

马祖对佛教最重要的贡献还不在于禅宗本身，而是创立了和禅宗修行相结合的农禅制度。他的嗣法弟子百丈怀海，俗姓王，福建人，在江西洪州百丈山弘法。马祖道一与百丈怀海最重要的功绩之一是创建了僧众同劳共食、同修互助的禅林制度。因取志在山野、如麻似粟、丛集如林之意，故称丛林制度。马祖创建丛林，百丈禅师立下清规，正式开启中国僧伽生活新形态。

佛教传入中国后，僧众的衣食住行基本维持原古印度的方式，上乞法于佛，下乞食于民，不事生产，大多靠帝王官吏的布施供养，部分靠僧众募化。日中一食，随遇而安，生活清苦。在中国的文化里，"乞讨"是卑贱的行为，何况在普遍重视劳动的社会，僧人乞食，被视为"不事劳作，不事生产"，百姓反感。加上僧团人数不断增加，寺院又位处偏远，托钵乞食比较困难。在这种情况下，马祖、百丈为使出家僧众不为生活所困，能无牵无挂地安心修行悟道，毅然改制，组织僧众集体生活，共同劳作，开垦山林农田，以自耕自食为主，自给自足。募化为辅，完粮纳税，与普通百姓无别。僧人开始过着"昼而农、夜而禅"的自耕自食的农禅生活。百丈禅师有"一日不作，一日不食"身体力行，成为后代僧人效法的榜样，在劳动中修行也成为僧人奉行不渝的信念。

丛林制度将中国的传统文化和儒教礼乐融入其中，修建禅堂，制定仪规，身份平等，方便为门，民主管理，收支公开。"佛门一粒米，大如须弥山，今生不了道，披毛带角还。"寺院生活在形式上如同一个天下为公的小社会，有许多出身贫寒的读书人寄居僧寺读书，也有鳏寡孤独者，由寺院收养，相当于历史上最早的福利院，代行了今天福利院的部分功能。

## 南阳慧忠

南阳慧忠（677~775），慧忠俗姓冉，浙江诸暨人。从小学习佛法，长大后更研习戒律，对于经论也十分融通。熟悉经律，佛学素养深厚。听闻六祖惠能的名声后，心生渴仰，于是翻山越岭前往曹溪拜谒，并获得六祖的心印。在六祖处得法后，住南阳白崖山传法。在南阳白崖山党子谷（白草谷）静坐专修定慧，静坐苦修四十年，足不出户，慕名前来参学者超过千百余人，与神会在北方共同宣扬惠能的禅学思想。唐肃宗、代宗请慧忠到京城，优礼有加，奉为国师，并经常请教有关佛法的各种疑问，人称南阳慧忠国师。慧忠禅师虽然受到三朝皇上的礼遇，仍不改天性淡泊、自乐天真的性情，最后仍回到南阳，大历十年示寂，圆寂后谥号大证禅师。

惠能、神秀等前辈禅师都以讲经论道、开坛直陈大法为主，辅以随机巧说。慧忠的说法，主要是随机说禅。他偏于随机巧说，显示了禅宗在说法风格上的变化。一天，有学者问慧忠道："山中遭遇虎狼，如何用心？"慧忠答道："见如不见，来如不来，彼即无心，恶兽不能加害。"常州有一个名叫灵觉的僧人向慧忠请教："发心出家，本拟求佛，未审如何用心即得？"慧忠答道："无心可用，即得成佛。"灵觉又问道："无心可用，究竟是谁成了佛？"慧忠答道："无心自成佛，成佛亦无心。"还有一次，一个僧人问道："如何是解脱？"慧忠答道："各种心念都不到来，当处解脱。"僧人又问："怎么才能断除各种心念？"慧忠答道："已经向你说过各种心念都不到来，还有什么可断的吗？"从慧忠授禅的这些教法中可以看出，慧忠随机度化，以心为本，要求弟子不生心念，方显佛性。完全继承了惠能的认识。

在慧忠和唐肃宗之间，发生过很多有趣的故事，也表现出了慧忠引导禅机，以佛陀正法，随机度人的情况。唐肃宗向南阳慧忠国师请教很多问题，但慧忠却不看他一眼。肃宗很生气地说道："我是大唐天子，你居然不看我一眼？"慧忠国师不正面回答，反而问唐肃宗道："君王可曾看到虚空？""看到！""那么，请问虚空可曾对你眨过眼？"肃宗无话可对。这表现出禅宗高僧心地无染、前念已过后念未至、断念如虚的状态。但是，这种禅机，仍然不能让肃宗领悟。

肃宗皇帝为心中的各种烦恼所困，希望慧忠能为自己排忧解难。有一天，肃宗问慧忠："朕如何才能得到佛法？"慧忠回答说："佛在自己心中，他人无法给予！陛下看到殿外空中的那一片云彩了吗？能不能让侍卫把它摘下来放在大殿里？"肃宗无奈地答道："当然不能！"慧忠又感叹说："世人求佛，有人为了让佛祖保佑求得功名；有人为了求财、求寿；有人为了摆脱心灵的责问，真正为修佛而求佛者能有几何？"肃宗听后又问慧忠："怎样才能拥有佛的法身？"慧忠答道："欲望，让陛下有这样的想法！不思静修，把生命浪费在这种无意义的空想上，几十年醉死梦生下来之后，到头来不过是腐尸与白骸而已，何苦呢？"肃宗皇帝退而求其次地问道："哦！如何能不烦恼不忧愁呢？"慧忠爽朗地回答说："不烦恼的人，看自己很清楚，即使一心向佛，也绝不会自认是清静佛身，仍然经常自我反省。只有烦恼的人才整日想摆脱烦恼。修行的过程是心地明朗的过程，无法让别人替代。放弃自身的欲望，放弃一切想得到的。有欲望而不能满足，必然心生烦恼，那将无法解脱。心淡人自乐，懂得了这个简单的道理，就能远离烦恼，度过一个自由自在的人生。"

慧忠的这种开示和劝告，实际上是因人度化，退而求其次的结果。肃宗皇帝既然无法理解从空性、断念、无念的角度见自性、解脱的根本，那么，慧忠就从比较基础的去除欲望的角度，帮助皇帝减少心中的烦恼，增进人生的快乐。这是因材施教的典范。正如唐代诗僧灵一《归岑山留别》诗云："禅客无心忆薜萝，自然行径向山多，知君欲问人间事，始与浮云共一过。"

唐肃宗时，从西域来了一位大耳三藏法师，此人修禅习定功夫甚深，很有神力，能感通他人心念，有"他心通"的本领。虽说"远道来的和尚会念经"，可堂堂的朝廷，来了位自称神异的和尚，总也得考验考验。于是，肃宗便请慧忠国师试验一下三藏法师。三藏一见慧忠，便行礼参拜。慧忠问："你得'他心通'的道行？"大耳三藏恭谨地答道："不敢。"慧忠接着问道："你说说老僧我现在在什么地方？"慧忠的心念一下子被大耳三藏猜着了，只听大耳三藏说道："和尚你是一国之师，怎么却跑到西川看人竞渡去了呢？"过了一阵儿，慧忠禅师又问："你说老僧现在又在什么地方？"大耳三藏又答说："和尚是一国之师，现在怎么又跑到天津桥上看人家耍猴子去了呢？"天津桥是当时东都洛阳的一个闹市区。又过了一会儿，慧忠再次问道："你再看看老僧当下在什么地方？"这一次，大耳三藏竟没有看出来，正在迷惘之际，慧忠禅师大声呵斥道："你这野狐狸精，你的'他心通'在什么地方！"大耳三藏无言以对。

这则禅门公案十分著名。有不少后代禅师曾潜心研究、参悟。

## 永嘉玄觉

永嘉玄觉（665~713），俗姓戴，字明道，浙江温州永嘉人。四岁时，父母送其出家。初在永嘉龙兴寺，长老特为他请专人教读，少习经论。剃度后，博览群书，先学天台止观法，在行、住、坐、卧中，常冥想静观。深通天台宗止观法门，成为国清寺智𫖮四传弟子。后受左溪朗禅师指点，与东阳策禅师（玄策）一起到曹溪学法，受业仅一日，时谓"一宿觉"。

玄觉由浅入深，著有包括《禅宗悟修图旨》等关于禅宗修行证悟、圆满要义的系列文章，由庆州刺史魏静将其辑成了十篇，书名为《永嘉集》，其中还收录了玄觉所著《证道歌》，广泛流行于世。在《证道歌》里，玄觉赞扬六祖惠能对他自己的修行、证悟发挥的关键作用："自从识得曹溪路，了知生死不相干。行亦禅，坐亦禅，语默动静得自然。"

　　玄觉初见惠能时，当时恰值惠能上堂说法，玄觉穿袍搭衣，手携锡杖，绕着惠能走了三圈，振振锡杖，然后双手合掌而立，并不磕头顶礼。六祖惠能看到玄觉如此气概，心知此人不凡，于是故意试探道："凡佛教的僧侣，应具有三千威仪，八万种细行。大德从何方而来，竟如此傲慢无礼？"玄觉说道："生和死是最重要的事情，无常的万物瞬息万变，我顾不了那么多了。"六祖问道："既然担心生死无常，为什么不证取不生不死的大道呢？那不是完全没有无常和万物瞬息万变的烦恼吗？"玄觉答道："万物的本性本来就无生无灭，当然就没有瞬息万变可言。"六祖赞叹道："正是，正是！"当时，众门人听了无不愕然。玄觉于是恭敬地参拜六祖，很快就告辞。六祖却说道："回去太快了！"玄觉反问道："我自己还没有动，怎么说太快呢？"六祖又问道："谁知你自己没有动？"玄觉答道："大和尚自己心生分别。"六祖说道："你深得无生之道理。"玄觉问道："既然是无生，哪里还有什么'道理'呢？"六祖不答而问道："如果无生没有道理，谁又能分别它呢？"玄觉答道："分别本身也无道理。"六祖赞叹道："善哉！善哉！少留一宿，明日再走吧。"玄觉就住了一晚上。从此，世人称玄觉禅师为"一宿觉"者。

　　这里所谓的"无生"即是"有生"，就是佛家所说的超越生死、无生无死。玄觉禅师了悟顿教思想，直透本源如入不动、不生不灭、不增不减的自性，当然就没有什么快慢和动静之分。若有分别意识，则不可能了悟妙意，达到绝对正定的智慧观照，也无法获得正果。

玄觉从曹溪归永嘉后，学者齐集问道，四面八方高人也闻风而来求教。玄觉被尊称为"真觉禅师"，玄觉提倡天台、禅宗融合之说。天台宗研习佛理，讲究名相。玄觉研读《维摩经》时，顿悟见性。于是，开始反对学问和哲学的推理活动。他认为，只要把握住内心，就没有任何欲念、外物能够诱惑、污染，心灵空明澄澈，这就是见性。摒绝世间俗学，离绝出世间圣解，不以有为法修持至道，无心合道的"闲道人"，无妄想可断，无真理可求。当他彻见了本来面目之时，不但根尘情识皆是佛性，连这个虚幻不实的色身，也成了常住不坏的法身。

正可谓"明与无明，其性不二；不二之性，是为实性"。当回归于生命的本源，则除了澄明圆满的本心之外，别无一物可得。这澄明圆满的本心，就是本源自性，就是纯真的佛性。障蔽本心的色、受、想、行、识五种阴霾，原本不有，当体是空。由五阴派生出的贪、嗔、痴三毒，也不过像缘生缘灭的水上泡沫一样，虽有而不实，倏起倏灭。玄觉以惠能思想去包容天台教观，使佛法更加圆融无碍地教化众生。因而在惠能的弟子中，玄觉的禅学思想自成一格。

后世法眼宗的天台德诏禅师，就走上了永嘉玄觉这条圆融禅、观二教的道路，再发展到其弟子永明延寿禅师时，大有将佛教各个宗派圆融到一起的气概，这都是受了永嘉玄觉的影响。玄觉与当时显名于海内的南岳怀让、青原行思等同列禅宗惠能门下，为惠能法脉下的禅宗五大宗派之一，从此永嘉禅宗闻名于天下。

唐玄宗先天二年（713）十月十七日，玄觉圆寂于龙兴别院，时年四十九岁，谥号无相禅师。

## 宗派

在惠能五大亲传直系弟子之后，惠能禅宗的法脉继续发展，而且，几乎囊括并覆盖了中国所有的禅宗流派。神秀等的北派禅宗逐渐销声匿迹。江西曹洞宗、广东云门宗、南京法眼宗、湖南沩仰宗、河北临济宗迅速发展壮大。宋代，又从临济宗衍生出黄龙、杨岐两派，共有五宗两派或称五宗七派。五宗七派为曹洞宗、云门宗、法眼宗、沩仰宗、临济宗、黄龙派、杨岐派。

曹洞宗，为禅宗南宗五家之一，由良价禅师住持宜丰洞山时所创立。由于良价（807~869）住洞山（江西省宜春市宜丰县），二代弟子本寂（840~901）居曹山（江西省宜黄县城西），为了语顺，禅林中把由师徒两人创立和住持的新禅宗称为"曹洞宗"。良价的法脉承传是：六祖惠能—六祖惠能弟子行思—石头希迁—药山惟俨—昙晟—洞山良价—曹山本寂。

良价写有《玄中铭》《五位君臣颂》《五位显诀》《宝镜三昧》《纲要偈》《新丰吟》《大乘经要》一卷，以及弟子整理成《曹州洞山良价禅师语录》《筠州洞山悟本禅师语录》各一卷等偈颂和著作。本寂著有《五位君臣旨诀》《解释洞山五位显诀》《注释洞山五位颂》等。

云门宗，是禅宗五宗之一，开山祖师云门文偃禅师（864~949），略称云宗。以云门文偃为宗祖，因文偃住广东韶州云门山光泰禅院举扬一家宗风，大振禅宗，后世取其所居山名而命宗，属南宗青原法系。文偃禅师的著作主要是关于文偃的言行记录有《云门匡真禅师广录》。

云门山光泰禅院现名为云门山大觉禅寺，简称云门寺。位于广东省乳源瑶族自治县县城北六公里的慈云峰下，是我国佛教禅宗五大支派之一云门宗的发祥地。文偃禅师于五代后唐同光元年（923）创建云门寺，928年，南汉王刘龚赐额"光泰禅院"，后又改为"证真禅寺"。至宋乾德元年（963），南汉王刘长敕封文偃禅师为"大慈云匡圣弘明禅师"，同时将"证真禅寺"敕升为"大觉禅寺"。因该寺坐落在云门山，故称"云门山大觉禅寺"。文偃的法脉承传是：六祖惠能—青原行思—石头希迁—天皇道悟—龙潭崇信—德山宣鉴—雪峰义存—云门文偃。

法眼宗，是惠能法系佛教禅宗五家之一。其中，法眼宗建立最晚，由五代文益禅师（885~958）所创，源出六祖惠能南宗青原行思一脉。文益的主要著作是《宗门十规论》。文益圆寂后，南唐中主李璟谥为"法眼大禅师"。"法眼"是佛家用语，意思是菩萨为善良众生脱离苦海，而照见一切法门之眼。《无量寿经》说"法眼观察，究研于心，得法眼正"之句。后世因称此宗为"法眼宗"，称其开山祖师文益为"法眼文益"。法眼宗宋初极盛，宋中叶后法脉衰微，乃至断绝，其间不过一百年。到了宋代中叶，法眼文益与云门文偃同为五代时禅宗内最杰出的禅师。

法眼的法嗣有六十三人，它历经文益（885~958）、德韶（891~972）、延寿（904~975）三祖，活跃于唐末宋初的五代时期。作为宗派，法眼宗的传承历史不长，但是，它的几位祖师都是吴越地区学修并重的高僧。

沩仰宗，是中国佛教中禅宗五家之一，承传于惠能的亲授弟子南岳衡山怀让的法脉。由于此宗的开创者灵祐（771～853）和他的弟子慧寂先后在潭州的沩山（在今湖南省醴陵市宁乡县西）、袁州的仰山（在今江西省宜春县南），修佛传法，自成一家的宗风，后世就称此宗为沩仰宗。灵祐留有后世弟子整理的《潭州沩山灵祐禅师语录》一卷。

沩仰宗的传承是，灵祐传给他的弟子慧寂，仰山慧寂传十人，香严智闲传十二人，西塔光穆传一人，资福如宝传四人，南塔光涌传五人，报慈德韶传二人，芭蕉慧清传十一人，双峰传一人，径山洪湮传六人，慧林究传一人。报慈德韶传三角志谦、兴阳词铎后，即沩仰宗六世后，不见传承。据《传法正宗记》等资料，有传记、语录、事迹可考者约九十九人。其中沩山灵祐之得法弟子四十四人。

临济宗，临济宗为禅宗南宗五家之一，临济义玄继承师父黄檗希运（？～857）的教法，创立临济宗。一般认为，临济义玄为临济宗初祖。临济宗提出"三玄"（三种原则）、"三要"（三种要点）、"四料简"（四种简别）、"四照用"（四种方法）等接引学人的方法，单刀直入，机锋峻烈。自从义玄用棒喝以来，以至宗杲提倡的看话，都是以迅雷不及掩耳的手段或言句剿绝情识，使学人豁然醒悟，延续南宗的"顿悟"宗旨。在禅宗南宗五家中，临济宗风最为强劲，无论是接化学者，还是阐释祖意，均新意迭出，不拘成规。其禅法特色，影响久远，成为中国禅宗波及面最广、渗透力最强的一个宗派。其法脉承传是六祖惠能—南岳怀让—马祖道一—百丈怀海—黄檗希运—临济义玄—张一家。

黄檗希运的著作主要是后世弟子整理的《黄檗希运禅师心

法要》。这本书被后世临济宗僧徒奉为必读公案。另有《语录》《宛陵录》各一卷传世。

黄龙派，为临济宗之支派，中国禅宗五宗七派中的一派。创始人为慧南禅师（1002～1069），因其住江西隆兴黄龙山崇恩院（今江西省修水县黄龙寺），盛弘教化，而称黄龙派（也有"黄龙宗"的说法）。慧南的法脉承袭于临济宗第七代禅师石霜楚圆。

慧南遗有《黄龙禅师语录》一部。嗣法弟子有八十三人。其中，黄龙以祖心（1025～1100）、宝峰克文（1025～1102）、东林常总（1025～1091）三僧为上首，他们都在黄檗山从慧南参禅，与文人士大夫颇有交往。克文在慧南圆寂后，又移洞山开堂，法嗣三十六人，而以德洪（惠洪，1071～1128，宜丰人）为上首。德洪不仅以诗名闻海内，而且精禅学，曾著《临济宗旨》一书。祖心先后三次到黄檗山参禅，后往南昌黄龙寺，再转至灵源维清（12世纪末期黄龙嫡传汉嗣）。宋版《大藏经》的成功刊印，黄龙派出力甚多。宋淳熙十三年（1186），日本僧人明庵荣西到中国习禅，在黄龙派下受学。其归国后，创建日本临济宗建仁寺一派，成为日本禅宗二十四流中的黄龙派。黄龙派从兴起到衰微，流传一百多年。

杨岐派，为临济宗的支派，惠能中国禅宗五宗七派中的一派。杨岐方会禅师（992～1049）为创始人。法脉承传于南岳怀让下第十一代、临济宗第七代慈明禅师石霜楚圆。由于方会禅师住杨岐山普通寺，秉承临济宗风，接引学人，提纲挈领，勘验学者，博采众家之长而自成一系，故被称为杨岐派。杨岐方会接化学人，门庭繁茂，蔚成一派，人称其宗风如虎，与同门慧南禅师之黄龙派同时并立。遗著有《方会禅师语录》和《方会语录后录》各一卷，刊入《新修大正藏》。

杨岐方会门下有十三人得法，以白云守端、保宁仁勇为上足。白云守端下有法演，人称"五祖法演"，他住于黄梅五祖寺，名振全国，人称五祖再世。在他的教化下，才俊迭起，高僧辈出。如人称"三佛"的佛眼清远、佛果（圆悟）克勤、佛鉴（太平）慧，又有五祖表白，及天目齐、云顶才良等。清远三传至蒙庵元聪，有日本僧人俊茹来其门下受学，回国后，开日本杨岐禅之首端。日本禅宗二十四流中，有二十流源自杨岐法系。佛果克勤编有《碧岩录》闻名于世，法嗣七十五人，门下以大慧宗杲、虎丘绍隆最为著名。佛果克勤的门下，有黄梅籍僧人应庵昙华禅师，大振杨岐宗风于苏浙，是临济正脉宗统第十七代宗师。宋以后，杨岐派恢复临济宗之旧称，几乎囊括临济宗的全部道场，成为中国禅宗的代表。从禅宗整个发展史看，正是从杨岐方会开始，临济宗的影响和地位超过云门、曹洞，成为禅宗主流。

禅宗后世的这种发展声势，远远超过了惠能传法时代一域独存的局面，而基本上覆盖了大半个中国，成为当时中国佛教中的一个最大流派。因此，由于传法宗派的不同，在中国，就有众多的禅宗"祖庭"，如初祖河南的少林寺，安徽的二祖寺（司空山），安徽的三祖寺（原名山谷寺），湖北的四祖寺（原名幽居寺，后赐正觉禅寺，俗称四祖寺），湖北的五祖寺（原名东山寺），广东的南华禅寺（南华寺，原名宝林寺），曹洞宗的祖庭在江西洞山普利院、江西省的曹山宝积寺（简称曹山寺，原名荷玉观、宝积禅院等），沩仰宗的祖庭在湖南密印寺和江西兴国寺，云门宗的祖庭在广东云门寺，法眼宗的祖庭在江苏清凉寺，临济宗的祖庭在河北临济寺、江西黄檗寺，黄龙派的祖庭在江西黄龙寺，杨岐派的祖庭在江西普通寺等。

## 禅宗的国际化

禅宗不仅在中国佛教界具有比较大的影响力，而且，在古代就已经走出了国门，传入日本、朝鲜及东南亚；在 20 世纪，又传入了欧美等国家和地区，成为一个国际性的佛教派别。法眼宗远传于泰国、朝鲜；曹洞、临济盛行于日本；云门及临济更远播于欧美。

南岳怀让门下的临济宗流传时间最长，影响也最大。早在唐元和年间（806~821），南岳一系就已传到国外，朝鲜僧人道义，曾从怀让大弟子道一门下的智藏受法。道义回国后，在朝鲜传入南宗禅，此派遂成为朝鲜禅宗主流。在良价住持洞山时，有位叫瓦室能光的日本僧人到洞山参师良价，并在洞山住了三十年。新罗（今朝鲜）僧人利严（870~936）曾嗣法于道膺，归国后在新罗须弥山建寺，创须弥山派。

日本禅宗创始人荣西于宋代 1168 年和 1187 年两度来中国，从临济宗黄龙派第八代嫡孙虚庵怀敞学禅，继承了临济宗的正统法脉，将此宗传入日本。南宋孝宗赐他"千光法师"封号。1191 年，荣西返回日本，大力弘扬临济禅法，成为日本禅宗初祖。13 世纪初，日本僧人道元又将曹洞宗传入日本，开立日本曹洞宗。

由于传入者和所承法统的不同，日本禅宗在历史上形成了二十四个支派，称为"禅宗二十四流"。至今日本禅宗约有近一万九千座寺院，信徒约两千万人。其中主要派别曹洞宗拥有寺院近一万五千所，信众约一千多万人。1981 年 4 月，日本宗教事务开发课课长滨名德永和日中友协宗教者恳谈会事务长铃木信光等一行到洞山考察，确认了洞山为日本曹洞宗的发祥地。同年九月，日本佛教史迹考察团松田文雄一行再次到洞山参谒。1985 年 11 月，日本曹洞宗研究会申村健治一行到洞山参拜。以后，日本宗教界、学术界对中国曹洞宗、临济宗黄龙派、杨岐派发源地等的考察、参谒和旅游活动不绝如缕。通过这些佛事考察、访问、旅游，举办过多次相关问题的研讨会，通过这种交流活动，促进了中日关于禅宗佛教、禅宗文化和禅宗学术的交流与沟通。

将禅宗介绍给欧美国家，使禅宗受到世界性关注的人物，当首推被日本政府封为"国宝"的铃木大拙（1870~1966）教授。铃木大拙原名铃木贞太郎，石川县金泽市人。后因学禅，改名大拙。铃木大拙二十一岁时到东京专门学校（早稻田大学前身）学习，开始接触禅学。1892 年秋，拜师日本临济宗圆觉寺派宗演学禅。曾多次参加世界东西哲学家大会，在美、英各大学讲授《禅与日本文化》等课程。他凭着精通英文及对佛教、禅宗的参悟，在欧美国家大力弘扬禅学，积极向西方介绍禅的智慧，使欧美一些思想家开始真正理解东方思想的精髓，对于禅宗文化在欧美国家的传播起到了良好的奠定基础的作用。铃木著有《禅的研究》《禅与日本文化》等三十多卷著作。

铃木大拙创立了关于禅宗研究的现代研究体系。在《禅的真髓》一文中，铃木对禅的概念进行了详细界定并论述了禅的诸多方面，如禅的境界、禅的价值、禅的修习方法等。铃木认为，"从本质上看，禅是一种见性之法，并为我们指出挣脱桎梏、走向自由的道路。由于它使我们啜饮生命的源泉，使我们摆脱让有限的生命在世界上受苦的一切束缚，因此可以说，禅释放出自然而又适当地藏在每个人内心深处的一切活力。在普通情况下，这些活力是被阻挡并歪曲，因而找不到适当活动的机会"。

铃木用禅学的精神去阐发禅宗与日本民族文化的深层关系。他在《禅与日本文化》中列举了禅与美术、武士道、剑道、儒教、茶道等的关系，令很多西方人耳目一新，有兴趣去深入了解这门东方宗教，并身体力行地尝试把禅的精神融入日常生活中。他认为，禅宗唤醒了日俄战争后日本古老的民族精神，武士道的人生观与禅宗的人生观甚为相近。日本人面对生死之际，那种显然可见的安静甚至喜悦也和禅的文化有关。因为铃木的这种介绍，也有人认为他的禅学和战前日本对外侵略文化有关。总之，欧美国家通过铃木大拙对禅学的介绍、研究和领悟，对禅宗有了一些入门性的认识和经验。如果欧美国家需要进一步了解禅宗，就必须了解六祖惠能等禅宗祖师大德和高僧们的修行、思想和教法，全面认识包括中国、日本、印度等东方国家的历史文化背景和佛陀教育的精髓及其修行实践，而不能仅仅从学术的角度研究禅宗。

# 附　录

## 年　谱

638 年（唐贞观十二年）　阴历二月初八诞生。

640 年（贞观十四年）　父丧，葬于宅畔。

661 年（龙朔元年）　闻经有悟，离家往黄梅东山寺修行佛法，踏碓舂米八个月。因《得法偈》，五祖器之，付衣法，令嗣祖位，归隐岭南。

667~675 年（乾封二年至上元二年）　于岭南怀集、四会一带山中与猎人为伍。

676 年（上元三年）　于正月十三日到广州法性寺（光孝寺）听印宗法师讲《涅槃经》。正月十五日，印宗为惠能剃发，二月初八，于法性寺受戒。

677 年（仪凤二年）　春，到曹溪宝林寺（韶关南华禅寺）住持一方，弘扬佛法。

705 年（神龙元年）　正月十五日，唐中宗敕迎惠能入宫，表辞不去。

713 年（开元元年）　八月初三坐化圆寂，瑞象异常，留下不腐的肉身舍利。

## 参考书目

1. 东方佛教学院第二届同学 1968 年注释：《六祖坛经注释》，福建莆田广化寺佛经流通处印刷。

2.〔后晋〕刘昫等著：《旧唐书》，新疆青少年出版社，1999 年。

3. 宣化法师讲述：《六祖法宝坛经浅释》，宗教文化出版社，2006 年。

4. 〔唐〕惠能著：《六祖坛经》，凤凰出版社（原江苏古籍出版社），2002 年。

5. 杨曾文校写：《新版敦煌新本六祖坛经》，宗教文化出版社，2001 年。

6. 徐文明注译：《六祖坛经》，中州古籍出版社，2004 年。

7. 电子书：《中华佛典宝库·藏经阁·大正藏和卐续藏·六祖大师法宝坛经 No. 2008》。

8. 电子书：《中华佛典宝库·藏经阁·大正藏和卐续藏·南宗顿教最上大乘摩诃般若波罗蜜经六祖惠能大师于韶州大梵寺施法坛经 No. 2007》。

9. 净空法师讲述：《六祖坛经讲记》，佛教结缘品。

10. 慧律法师讲解：《六祖坛经》，佛教结缘品。

11. 魏道儒注译：《白话坛经》，三秦出版社，2002 年。

12. 温金玉著：《慧能法师传》，宗教文化出版社，2000 年。

13. 胡巧利著：《禅宗六祖慧能》，广东人民出版社，2004 年。

14. 张志军著：《六祖慧能传奇》，现代出版社，2005 年。

15. 陆锦川著：《仿佛居士说〈坛经〉》，团结出版社，2006 年。

16. 陆锦川著：《慧能大师传》，团结出版社，2006 年。

17. 〔宋〕释普济著，张恩富、吴德新、钱发平编译：《五灯会元》，西南师范大学出版社，2005 年。

18. 洪修平、亦平著：《惠能评传》，南京大学出版社，1998 年。

19. 李富华著：《惠能与坛经》，珠海出版社，1999 年。

20. 李天道、魏春艳著：《慧能评传》，四川人民出版社，1999 年。